MICHEL BRÛLÉ

C.P. 60149, succ. Saint-Denis,
Montréal (Québec) H2J 4E1
Téléphone: 514 680-8905
Télécopieur: 514 680-8906
www.michelbrule.com

Maquette de la couverture et mise en pages:
Jimmy Gagné, Studio C1C4
Révision: François Mireault
Correction: Nicolas Therrien

Distribution: Prologue
1650, boul. Lionel-Bertrand
Boisbriand, Québec J7H 1N7
Téléphone: 450 434-0306 / 1 800 363-2864
Télécopieur: 450 434-2627 / 1 800 361-8088

Distribution en Europe: D.N.M. (Distribution du Nouveau Monde)
30, rue Gay-Lussac
75005 Paris, France
Téléphone: 01 43 54 50 24
Télécopieur: 01 43 54 39 15
www.librairieduquebec.fr

Les éditions Michel Brûlé bénéficient du soutien financier du gouvernement du Québec — Programme de crédit d'impôt pour l'édition de livres — Gestion SODEC et sont inscrites au Programme de subvention globale du Conseil des Arts du Canada. Nous reconnaissons l'aide financière du gouvernement du Canada par l'entremise du Programme d'aide au développement de l'industrie de l'édition (PADIÉ) pour nos activités d'édition.

Société
de développement
des entreprises
culturelles
Québec ✿✿
✿✿

ASSOCIATION
NATIONALE
DES ÉDITEURS
DE LIVRES

Bibliothèque et Archives nationales du Québec
Bibliothèque nationale du Canada
ISBN: 978-2-89485-455-6

La souveraineté du Québec
Hier, aujourd'hui et demain

Jacques Parizeau

La souveraineté du Québec

Hier, aujourd'hui et demain

MICHEL BRÛLÉ

À la mémoire de mon père,
Gérard Parizeau

Avant-propos

J'aborde ma quatre-vingtième année. Je suis souverainiste depuis 40 ans et je sens le besoin de faire le point, sans nostalgie particulière. Les dossiers de gouvernement m'attirent aujourd'hui tout autant que ceux qui m'ont intéressé depuis la Révolution tranquille. Ce livre n'en est pas un de mémoires, mais je plonge sans vergogne dans mes souvenirs quand cela peut être utile pour comprendre ce qui se passe aujourd'hui.

Je remercie les personnes qui m'ont aidé à produire ce livre. D'abord, évidemment, M. Michel Brûlé qui m'offre l'occasion de mettre de l'ordre dans mes idées, son adjointe Mme Marie-Noëlle Gagnon, admirablement efficace, et son réviseur M. François Mireault.

Pour la première fois depuis toutes ces années où j'ai eu à m'en servir, j'ai l'occasion de remercier le centre de documentation du Parti québécois qui, sous la direction de M. Denis Patry et de Mme Lucie Deschênes, est devenu un remarquable instrument de travail. Mme Suzanne Turgeon, sa directrice actuelle, m'a été d'une aide constante et, dans le cas du chapitre VI, irremplaçable.

Je dois beaucoup aux travaux de Luc Godbout, le spécialiste de la fiscalité québécoise, à ceux de Stéphane Gobeil et de l'équipe de recherche du Bloc québécois. Depuis plusieurs années, M. Gobeil me tient au courant du résultat des études originales qui, dans l'anonymat, émanent de ce parti politique.

Le livre intitulé *Pour une gauche efficace* de Jean-François Lisée, directeur du Centre d'études et de recherches internationales de l'Université de Montréal, m'a aussi été fort utile.

Serge Guérin, qui fut mon premier chef de cabinet, m'a rendu le service de lire le manuscrit et de proposer des corrections et des modifications.

J'ai une dette de reconnaissance tout à fait particulière à l'égard de Robin Philpot, qui m'a accompagné depuis le début, a collaboré à la recherche, a lu et discuté chacun des chapitres et a révisé le manuscrit.

Enfin, je remercie Lisette Lapointe, ma femme et ma députée préférée. Elle a lu et corrigé avec minutie le manuscrit, mais cela n'est qu'un épisode dans une longue collaboration et le partage d'une même ferveur.

Je termine en soulignant que j'assume l'entière responsabilité de tout ce qui apparaît dans cet ouvrage.

Table des matières

AVANT-PROPOS 9

INTRODUCTION 15
Renouveler les idées – L'État dans la mondialisation – La nécessaire
souveraineté – Le désordre politique et administratif – L'importance
des mots – Référendums 1980, 1995, 201...? – Où en est-on? – L'idée,
la Constitution, l'international – Le futur État du Québec est-il
viable? – Comment tout cela va-t-il fonctionner?

PREMIÈRE ÉTAPE : NÉGOCIER LA SOUVERAINETÉ-ASSOCIATION 29
Tenter l'indépendance – Les dangers d'être seuls – Le pouvoir – La
préparation de la souveraineté-association – Le référendum de 1980 – Les
leçons de la première tentative

DEUXIÈME ÉTAPE : RÉALISER LA SOUVERAINETÉ 45
De plus en plus de pays – Petit pays, grand marché – Le libre-échange
canado-américain – Le protecteur américain – Le partenariat – Le
dollar canadien – Les francophones décideront – Négociations avec les
Autochtones – La reconnaissance internationale – L'intégrité territoriale :
les études – En guise de conclusion

LA MONDIALISATION ET LA
PROTECTION DU CITOYEN 67
Le nouveau monde des communications – La révolution du libre-
échange – Retour sur une ruine – L'organisation du monde – La défense des
petits pays – Échapper à l'OMC – L'entreprise contre l'État – Le Québec :
une nouvelle tentative

Où en est l'idée de la souveraineté ? 87
La peur et la gestion – Le sondage du Bloc québécois – Le statut
particulier – Réaliste, réalisable, se réalisera ? – Retour en arrière – La
sagesse de l'électeur – Le vote par âge n'est plus ce qu'il était

L'illusion constitutionnelle 99
Où est le vrai gouvernement ? – Le « beau risque » – Meech – La
Commission Bélanger-Campeau – Charlottetown – Le déficit zéro – Les
commandites – Cour suprême et clarté

La perspective internationale 117
MM. Sarkozy et Desmarais – Les citations assassines – Les intérêts ne sont
pas loin – Et pourtant… toujours la France – Les rapports avec les États
américains – L'aide humanitaire

Un Québec indépendant est-il viable ? 131
Les études comptables : Bélanger-Campeau – Les études comptables :
le ministère de la Restructuration – Les études comptables : François
Legault – Expansion ou déclin ? Les Lucides – La difficulté de prévoir
l'avenir – L'assainissement des finances publiques – Le fouillis des règles
comptables – Le débat sur la dette – Les comparaisons de l'OCDE : le
Québec normal

L'État du Québec 151
Quel régime choisir ? – La proportionnelle – Une seconde Assemblée ?
Celle des régions ? – La tentation de centraliser – Que doit-on
décentraliser ? – Villes ou régions ? – Quels pouvoirs donner aux
régions ? – Une Constitution claire

Les secrets de la croissance 167
La productivité – L'innovation – Le chloroforme – Les progrès de la
recherche et du développement – Forcé d'intervenir – Le coffre à outils
ne fait pas le menuisier – Arbitrer entre les provinces – Chercher le vrai
gouvernement – L'éducation et la croissance économique – L'université en
région

L'ÉTAT ET L'ENTREPRISE : LE GRAND DÉBAT 187
Que le gouvernement se débrouille – La société québécoise
et les affaires – Maîtres chez nous – Un système financier pas
achetable – Appuyer la « garde montante » – Les obstacles : l'impôt et le
public – L'importance des centres de décisions –Les responsabilités de la
Caisse de dépôt et placement – La Caisse de dépôt et placement dans un
Québec indépendant

L'ÉTAT ET LE CITOYEN (PREMIÈRE PARTIE) 207
Formation, taxation, langue et environnement – Flexibilité du marché de
la main-d'œuvre et protection du travailleur – Désordre et gaspillage – La
formation professionnelle – Les exigences minimales – L'impôt et
la redistribution – Le Québec n'est pas un enfer fiscal – Les sources
d'injustice : l'impôt sur les profits – Les sources d'injustice : les paradis
fiscaux – Le secret bancaire

L'ÉTAT ET LE CITOYEN (DEUXIÈME PARTIE) 225
Vivre dans sa langue et se servir de l'anglais – L'imbroglio de langues – Les
réalisations de la loi 101 – Fonctionner en Amérique du Nord – D'ici à
ce que la question nationale soit réglée – La priorité : les changements
climatiques – Kyoto – Le public devance la politique – Le démarrage au
Québec – La prépondérance de l'environnement sur l'OMC

CONCLUSION 243
Le point de vue du technicien – Le problème identitaire – Quelques idées
claires – Traduire les valeurs en projets – Les gens ont besoin de savoir

ANNEXE I 251
ANNEXE II.. 253

Introduction

Au moment où je commence à écrire cette introduction, le président de la France, Nicolas Sarkozy, vient une fois de plus d'affirmer sa foi dans l'unité canadienne et son rejet de l'indépendance du Québec. Les deux chefs des partis souverainistes, le Parti québécois et le Bloc québécois, ont répondu par une longue lettre déposée à l'ambassade de France à Ottawa et au consulat général de France à Québec. On pourrait croire qu'il s'agit d'une sorte de dernier sursaut d'un mouvement, le Parti québécois, qui a reflété, un temps, les espoirs d'une génération mais qui après beaucoup de vicissitudes perd petit à petit sa pertinence et donc ses alliés. Et pourtant, on a l'impression, à écouter les commentaires et à lire les journaux, que les assauts récents venant d'Ottawa et de Paris ne font que renforcer l'intérêt qui entoure le mouvement souverainiste.

Il y a eu une élection générale au Québec en 2007 et deux élections générales, au Québec et au Canada, en 2008. Au cours de la première des trois, le Parti québécois n'était plus que le troisième parti pour ce qui est du nombre de députés et son pourcentage des voix le ramenait à 1973. Au départ de la campagne électorale fédérale de 2008, on remettait en cause la pertinence du Bloc québécois et son avenir semblait compromis.

Au bout du compte, à la fin de cette année périlleuse, le Parti québécois était redevenu l'opposition officielle et la moitié de tous les députés québécois, qu'ils soient élus à Ottawa ou à Québec, était indépendantiste. Plus encore, alors que la direction des deux partis avait abordé l'année avec beaucoup de circonspection quant à l'objectif de la réalisation de la souveraineté, les militants imposaient l'objectif traditionnel comme orientation fondamentale et un slogan («On veut un pays») bien plus volontariste que ceux que les communicateurs avaient élaborés. Manifestement, en dépit de plus de 40 ans d'aléas électoraux, de l'échec crève-cœur du référendum de 1995, où seulement 52 000 voix sur 5 millions séparaient les oui des non, malgré les tergiversations de certains des chefs, malgré les tentatives de manipulation de l'opinion publique et le recours à des moyens considérables, le soutien à l'objectif, la ferveur de l'idéal semblaient se maintenir avec une vigueur surprenante. Plus encore, le renouvellement du militantisme semblait s'opérer. Quant à l'idée que l'indépendance du Québec est celle d'une génération et qu'elle disparaîtra avec elle, notons que des 51 députés actuels du Parti québécois, 34, donc les deux tiers, ont été élus pour la première fois soit en 2007, soit en 2008. Cela étant dit, lorsque cet ouvrage paraîtra, il est possible qu'une élection générale aura été déclenchée à Ottawa. Comme chaque fois, le Bloc québécois devra démontrer à quel point ses députés défendent les intérêts du Québec.

Renouveler les idées

Si les personnes se sont renouvelées, on ne peut pas en dire autant des idées. Cela se comprend. Au cours des 32 dernières années, le Parti québécois a été au pouvoir 18 ans. Les affaires provinciales ont eu tendance à occuper toute la place. Ce ne sont pas des choses secondaires : l'éducation et la santé sont au centre des débats les plus importants des sociétés. Elles ont pris une grande place dans la vie québécoise. Les débats, les querelles, les crises qui ont marqué les rapports entre Québec et Ottawa ont drainé les énergies et désorganisé les politiques. Les exemples abondent, mais je n'en retiendrai qu'un. J'ai dirigé la délégation de fonctionnaires du Québec au Comité fédéral-provincial du régime fiscal en 1967. Après des mois de travail, on en est arrivés à la conclusion qu'en raison du partage des ressources fiscales et de la répartition des champs de dépenses, le gouvernement fédéral était systématiquement « menacé » par des surplus et les provinces, par des déficits. Les discussions sur le partage des ressources fiscales ont duré 30 ans. En 2002, la Commission Séguin chargée d'étudier le déséquilibre fiscal arrivait à la même conclusion. Rien n'avait changé. Les débats restaient les mêmes. Il était toujours aussi difficile de mettre au point des politiques économiques ou sociales cohérentes.

Le référendum de 1995 avait demandé une longue pré-paration qui s'était échelonnée sur quelques années : il fallait préparer la mise en place de la structure administrative d'un pays indépendant et l'élaboration de politiques nationales avec des objectifs clairs. L'échec impliquera forcément l'abandon de cette orientation. En 1996, le nouveau gouvernement se fixe comme objectif d'atteindre un déficit budgétaire nul, au moment même où le gouvernement fédéral coupe les transferts aux provinces pour lui aussi éliminer son déficit. Les questions budgétaires vont dominer les esprits pendant des années. Non sans arrière-pensées politiques, le gouvernement fédéral profite des compressions budgétaires à Québec pour fournir à des clientèles ciblées (les universitaires, par exemple) l'argent qui leur manque, et monte de formidables opérations publicitaires qui aboutiront à un scandale et à une enquête publique (la Commission Gomery).

Pendant des années, on va cesser de réfléchir à la souverai-neté du Québec, à préparer la suite des événements. Il n'y a guère qu'au Bloc québécois, où l'on n'a pas les mêmes préoccupations quotidiennes du pouvoir, que l'on va maintenir un certain effort de renouvellement. Et pourtant, un tel renouvellement s'impose. Les deux partis indépendantistes sont de centre gauche. Comme tous les partis progressistes d'Occident, ils doivent repenser leurs rapports avec le syndicalisme, avec le capitalisme d'État, bloquer les dérives vers la défense des droits acquis qui finissent par aboutir à des formes de corporatisme, accentuer la défense des plus fragiles, s'adapter à la mondialisation.

Et la mondialisation, justement, modifie la façon de voir la souveraineté des nations. Lorsque, presque tout à coup, on s'est rendu compte que l'individu pouvait avoir accès à l'univers, que rien ne pouvait l'empêcher de communiquer avec ses semblables, que les États les plus puissants ne pouvaient empêcher l'internaute de communiquer avec qui il voulait, on a cru pendant quelque temps que la mondialisation, soit par la liberté des échanges, soit par la liberté des communications, réduirait de façon draconienne le rôle des États… Bien sûr, de par leur puissance financière et militaire, certains États continueraient d'exercer des effets de domination sur les autres. Mais leur rôle se réduirait graduellement, leurs citoyens se fondant dans le grand tout mondial.

L'État dans la mondialisation

Et pourtant, aussi séduisante pour l'esprit que soit cette thèse, ce n'est pas comme cela que ça s'est passé. On a constaté rapidement que la mondialisation ne présentait pas que des avantages pour l'individu assis devant son ordinateur et parlant au monde. Lorsque les barrières commerciales avec l'Asie sont tombées et qu'en Occident, des industries entières sont disparues, quand les entreprises ont délocalisé leurs installations pour profiter des bas salaires disponibles ailleurs, quand celles qui restaient sur place ont réduit leurs salaires pour faire face à la concurrence, quand pour résister au changement on s'est rendu compte que seules l'éducation, la recherche et l'innovation permettraient de maintenir un avenir acceptable, on s'est rendu compte que la règle ne serait plus qu'on occupe le même emploi jusqu'à sa retraite, qu'il n'était plus évident que les enfants vivraient aussi bien que leurs parents, que la précarité pourrait devenir endémique, que, sur les seuls critères de l'éducation et des diplômes, la société pourrait se casser en deux, que sur cette base une nouvelle discrimination sociale pourrait perdurer, s'accentuer même : on a compris que le monde changeait, et même très vite.

Certains en ont conclu qu'il fallait lutter contre la mondialisation. Mais être contre la mondialisation, c'est comme être contre la marée, ce n'est pas ce qui va l'empêcher de monter. Contre la marée, cependant, on peut construire des digues, des quais, des canaux. On ne peut pas être contre mais on peut chercher à en aménager les effets. Encore faut-il que quelqu'un soit responsable de construire ces digues et ces quais. De la même façon, il faut que quelqu'un organise l'éducation, la formation professionnelle, la recherche, l'innovation, la protection des plus fragiles, empêche les abus, réglemente les entreprises. Il n'y a que l'État pour faire cela. À travers l'histoire, on n'a jamais trouvé autre chose pour protéger le citoyen. Autrefois, l'État était le seigneur, puis le roi, puis le Parlement, mais le rôle, lui, est resté. La première responsabilité de l'État, c'est toujours de protéger le citoyen. Entre l'individu devant son ordinateur et un monde vaste, immense, souvent excitant, parfois menaçant, il n'y a que l'État sur qui le premier peut s'appuyer au besoin.

Ce genre de considération n'existait pas à l'époque du référendum de 1995. Une anecdote vaut toutes les démonstrations. Quinze jours après que j'aie été élu au poste de premier ministre en septembre 1994, mon attachée de presse entre en coup de vent dans mon bureau et me dit : « Le gouvernement n'est pas sur Internet ! » Depuis quelque temps déjà, j'avais créé un groupe pour examiner la possibilité de monter une « autoroute de l'information ». On a assez rapidement compris qu'elle existait déjà et qu'elle s'appelait Internet.

Quant à la libéralisation des échanges, on était tout de même plus avancés. À la fin des années 1980, le président des États-Unis, comme on le verra dans le second chapitre, propose au Canada un traité de libre-échange, accepté en principe par le gouvernement canadien. L'Ontario, le centre de l'économie canadienne, s'oppose cependant au projet par le truchement de son gouvernement qui menace de recourir aux tribunaux pour empêcher le gouvernement fédéral de signer. Le Parti québécois s'allie alors au gouvernement libéral à Québec. Le libre-échange y devient une question non partisane. Le premier ministre Mulroney reçut ainsi l'appui politique suffisant pour faire passer le projet. L'Accord de libre-échange nord-américain (ALENA) suivit, si bien qu'en peu de temps, les conditions du libre-échange des produits et des services en Amérique du Nord se trouvaient réunies. Mais ce n'était là qu'une première étape, la plus classique, la mieux connue de ces opérations de libéralisation qui ont petit à petit mené à la mondialisation. Très vite, des difficultés sont apparues. L'échec de l'Accord multilatéral sur l'investissement (AMI), la crise autour de la diversité culturelle sont les signes les plus spectaculaires des conflits de sociétés qui ont remis en lumière le rôle des États.

Graduellement, on s'est rendu compte à quel point s'élargissait le rôle des forums internationaux dans la vie des peuples et des individus qui les composent. Et, en même temps que se développait cette prise de conscience, on se rendait compte du rôle nouveau et puissant que les États jouaient dans le fonctionnement de ces forums internationaux et la prise de décisions.

La nécessaire souveraineté

En somme, dans le cadre de la mondialisation, non seulement la souveraineté des nations ne s'atténuait pas, elle en était renforcée. Pendant plusieurs années, j'ai développé ces idées dans des conférences que je donnais dans les cégeps et les universités. En même temps, sur d'autres tribunes, je faisais appel à mon métier d'économiste pour présenter quelques idées que je souhaitais claires sur le développement économique du Québec et sur sa gestion. Cette question-là me préoccupe depuis longtemps. En fait, elle a été le point de départ de la réflexion qui m'a amené à la souveraineté du Québec. Pendant la Révolution tranquille, le Québec avait développé une autorité morale et une force financière à l'égard d'Ottawa qui étaient telles qu'il pouvait, par exemple, au cours de la même année 1964, créer une Régie des rentes distincte du Canada Pension Plan et se retirer de 29 programmes conjoints avec pleine compensation fiscale et financière. Disponibles pour les autres provinces, ces initiatives ne les attiraient pas. Québec devenait petit à petit une sorte de gouvernement distinct. L'apogée se produisit lorsque, en 1967, le gouvernement du Québec demanda à la France de faire partie du projet Symphonie, projet franco-allemand destiné à envoyer en orbite un satellite de communication en se servant de fusées russes, alors que le Canada s'entendait avec la Grande-Bretagne et le Japon pour se servir de satellites lancés avec des fusées américaines...

On ne pouvait indéfiniment faire comme si on était un autre pays en maintenant toutes les caractéristiques du pays original. Il fallait que chacun choisisse son camp, que l'on choisisse son pays. Et c'est ainsi que débuta le combat d'une génération. Au départ, ceux qui ont fait partie de ce combat étaient à peu de choses près ceux qui avaient lutté si longtemps contre Duplessis et ce qu'il représentait. Ceux qui se considéraient comme les progressistes de cette société, de Pierre Elliott Trudeau à René Lévesque, du père Lévesque à François-Albert Angers, tous ceux qui avaient lutté contre l'obscurantisme se divisèrent en deux camps. On choisit Ottawa parce qu'on refusait ce qu'on appelait le nationalisme étroit; pour éviter de remplacer une forme d'obscurantisme par ce qu'on considérait une autre forme de la même chose. On choisit Québec parce que la Révolution tranquille révélait chez les Québécois si longtemps méprisés un dynamisme, un goût du renouvellement emballants.

Le désordre politique et administratif

La lutte de ces deux groupes marque non seulement l'histoire contemporaine du Québec, mais aussi celle du Canada. Leur opposition a comporté des phases bizarres, incompréhensibles pour ceux qui n'étaient pas initiés aux secrets de la « tribu ». Aussi, Pierre Elliott Trudeau, premier ministre du Canada, grande figure charismatique, a déjà remporté 74 des 75 sièges électoraux du Québec, pendant que René Lévesque, chef du Parti québécois, autre grande figure charismatique, était au pouvoir au Québec. La situation politique du Québec était paradoxale au point d'en être ridicule. La fondation du Bloc québécois à Ottawa en 1990 clarifia l'atmosphère. Dès qu'il fut organisé, il prit au moins et habituellement nettement plus que la moitié des sièges du Québec. La situation s'était normalisée. Lorsque, pendant quelques années, le Bloc québécois, qui ne présente aucun candidat ailleurs qu'au Québec, devint par les aléas électoraux l'opposition officielle au Parlement canadien, on comprit que ce n'était pas demain la veille que l'on se débarrasserait des paradoxes québéco-canadiens.

Il va de soi qu'un tel désordre politique mène invariablement au désordre des politiques et au désordre de la gestion des affaires publiques. C'est ainsi, par exemple, qu'il y eut un temps où le gouvernement de Québec gérait 13 programmes d'aide aux enfants et le fédéral, 12. Ou peut-être était-ce l'inverse. L'un des programmes d'aide fédérale destinés aux plus pauvres des personnes âgées, est resté si longtemps obscur dans ses applications, que ce n'est que grâce au travail d'un député du Bloc québécois dans son comté que l'on découvrit que plusieurs qui y avaient droit n'apparaissaient pas sur les listes, mais devaient être sur les listes d'aide sociale (québécoise) quelques années auparavant. Des vérifications systématiques firent inscrire 200 000 personnes parmi les plus démunies de la société.

Le désordre politique a donc engendré le désordre dans la gestion des affaires publiques. On finit par tellement prendre l'habitude de ce désordre que l'on n'imagine plus que les choses puissent être simples et claires. J'ai fait de la politique pendant assez longtemps pour savoir que, dans le meilleur des mondes, on peut, pour se faire réélire, poser des gestes irrationnels, faire des déclarations démagogiques, pratiquer un clientélisme de bas étage. En fonction des valeurs qui sont les siennes, on pourra refuser ou accepter certains gestes ou de faire certaines déclarations. Mais, pour ne mentionner qu'un exemple récent (2005), accepter six semaines de grève des étudiants d'universités parce que, comme gouvernement, on considère que, pour des raisons d'économie, il faut réduire de 103 millions le coût des bourses d'études, puis se rendre compte que 70 de ces 103 millions devront être payés au gouvernement fédéral parce qu'une entente oubliée l'impose, c'est désolant, navrant. De même, élaborer une formule de péréquation à ce point compliquée qu'un ministre des Finances provincial peut avouer, au moment de lancer un programme de relance, que ce qu'il perdra de transfert fédéral sera dix fois supérieur à ce qu'il pensait perdre, cela ne fait pas sérieux[1]. On peut multiplier les exemples à l'infini.

Vouloir réaliser l'indépendance de son pays ne s'appuie pas que sur des arguments rationnels, des calculs de coûts et bénéfices et des espoirs d'amélioration du niveau de vie. D'abord et avant tout, il y a le désir pour un peuple, une nation, d'être responsable de lui-même, de vouloir vivre ensemble, de se dessiner un avenir commun, d'appuyer tout cela sur la fierté d'une histoire commune. Il n'en reste pas moins que lorsque ce peuple, cette nation a atteint un certain degré d'aisance, de bien-être, il hésitera à se lancer dans ce qui pourrait passer pour une aventure, prendra conscience qu'il a quelque chose à perdre. Alors, il faut faire appel au rationnel, convaincre, démontrer. Certains s'indignent parfois de l'importance que des dirigeants

---

1. Ministère des Finances du Québec, Plan budgétaire 2009-2010, p. G4-G5.

des partis souverainistes accordent à ces questions de gestion. C'est pourtant inévitable.

D'une époque à l'autre, les objections au projet souverainiste ont, bien sûr, changé, se sont même raffinées. Elles ont toujours eu une dimension économique ou de gestion, en commençant évidemment par les pensions de vieillesse. Qu'est-ce qu'on a pu servir cet argument dans les centres d'accueil, les résidences pour personnes âgées, les hôpitaux de soins prolongés! «Si le Québec se sépare, vous perdrez vos pensions de vieillesse», disait-on à ceux qui n'avaient que cela pour vivre.

Il a fallu, pendant des années, calculer et démontrer. Petit à petit, la peur a reculé. Au référendum de 1995, en constatant que 61 % des francophones, cibles de toutes ces peurs que l'on charrie depuis si longtemps, avaient voté oui, j'ai commencé à comprendre que la peur avait enfin reculé. Cela a été pour moi une sorte de consolation. Et à ceux pour qui le mot «francophone» évoque spontanément le spectre de l'ethnicité, je souligne que la définition du mot est celle utilisée dans les sondages, c'est-à-dire «qui parle le français à la maison».

L'importance des mots

Puisqu'on aborde la définition des mots, je voudrais en dire quelques-uns sur «souveraineté», «indépendance» et «séparation». Ces trois termes ont pour moi le même sens. Dans les trois cas, on veut dire que le pays dont on parle a plein contrôle sur ses lois, ses impôts et les traités qu'il signe à l'étranger. Cela n'implique d'aucune façon que l'on ne délègue pas à certains des pouvoirs dont il s'agit ici, mais il faut d'abord les posséder pour les déléguer.

Depuis leur fondation, le Parti québécois et le Bloc québécois se sont définis comme souverainistes parce que c'est le terme qui faisait le moins peur. Au cours des premières années, «séparatisme» était identifié à la violence et à l'armée, et «indépendance», à des conflits qui ont marqué si souvent,

à cette époque, la décolonisation. « Souveraineté », et surtout
« souveraineté-association », référaient implicitement à la
négociation, à la reconnaissance. Les sondages consacraient
de façon patente ces différences. Aujourd'hui, les distinctions
sont moins tranchées. On continue de dire « souveraineté »
par habitude parce que c'est devenu une marque de fabrique.
Dans mon esprit, les trois termes ont la même signification et
j'ai tendance à les utiliser comme des synonymes. Je sais qu'en
France le mot « souveraineté » commence à se confondre avec
« eurosceptique », mais je n'en ferai pas de cas dans cet ouvrage.

Référendums 1980, 1995, 201... ?

La première partie sera consacrée aux deux tentatives de réaliser
la souveraineté et à ce qui pourrait être la prochaine tentative.
Il s'agit de décrire le déroulement chronologique de l'apparition
de l'idée de souveraineté et son déroulement pendant 40 ans. Il
ne s'agit pas d'un essai historique, mais plutôt de déterminer des
problématiques. Celle du fondateur, d'abord, René Lévesque. Il
faut voir comment il envisageait la réalisation de son objectif.
Puis viendra l'examen de la façon dont son successeur, c'est-à-
dire moi, voyait la réalisation de la souveraineté. Se servant des
leçons de l'épisode précédent, la méthode que je vais utiliser a
été, en définitive, assez différente de celle de René Lévesque. Cela
nous amènera à la troisième tentative dont la méthode n'est pas
encore fixée. Les circonstances ont tellement changé qu'il faut
réfléchir avant que la direction du Parti québécois et celle du Bloc
québécois se décident, avant de la proposer et, après discussion,
de l'organiser. Je ne ferai dans cet ouvrage qu'esquisser des dia-
gnostics, suggérer des voies, des alternatives.

Où en est-on ? L'idée, la Constitution, l'international

La deuxième partie cherche à faire le point sur la situation
actuelle de trois questions qui sont, à mes yeux, essentielles.
D'abord, où en est l'idée de souveraineté ? Est-ce vraiment

le projet d'une génération qui va disparaître avec elle? Où en est-on dans la sempiternelle question constitutionnelle? On en a longtemps parlé. Les gouvernements ont longtemps été mobilisés. Une loi sur la clarté a finalement été présentée comme un obstacle redoutable à toute nouvelle tentative d'aspirer à la souveraineté du Québec. Puis, le silence est retombé. Où en est-on? La troisième question a trait à la préparation internationale de la prochaine tentative de réaliser la souveraineté. L'avis de la Cour suprême sur une déclaration unilatérale de souveraineté exige que l'on aborde cette question.

Le futur État du Québec est-il viable?

La troisième partie ne comporte que deux chapitres. Le premier traite d'une question vieille comme le mouvement souverainiste lui-même : un Québec indépendant peut-il être viable? Je l'aborde non seulement sous l'angle traditionnel de la comptabilité (envoie-t-on plus d'argent à Ottawa qu'on en reçoit?), mais aussi à partir de ce qui est aujourd'hui présenté sous forme d'obstacle : le vieillissement de la population et le surendettement rendraient bien aléatoire la recherche de la souveraineté.

Le deuxième chapitre prépare la quatrième partie, tout entière tournée vers l'avenir : comment va être organisé l'État du Québec? Évidemment, la réponse viendra d'une assemblée constituante. Mais il faut faire avancer l'étude de la question, poser des hypothèses : une assemblée parlementaire ou deux? Jusqu'où pousser la décentralisation quand le Québec aura repris toutes ses ressources? Je sais bien que les discussions entre gouvernement, régions et municipalités ne commenceront vraiment qu'après un référendum gagné. D'ici là, il faut y réfléchir : la question est compliquée.

Comment tout cela va-t-il fonctionner?

La quatrième partie, la plus longue, porte sur l'avenir et traduit les préoccupations de quelqu'un qui a longtemps été impliqué dans le débat politique, mais qui a été économiste de carrière. J'essaie d'en rester à ce qui me paraît l'essentiel, sans chercher à noircir les conséquences d'un régime fédéral, sans non plus m'imaginer que l'indépendance est la clé de tous les problèmes. J'essaie d'accorder leur juste place à certaines questions qui n'ont aucun rapport avec les régimes politiques mais sont essentielles pour comprendre ce qui se passe. Cela ne m'empêche pas, en tout cas, de révéler mes préférences. Le premier chapitre de cette partie (le chapitre IX) est d'ailleurs intitulé « Les secrets de la croissance ». C'est un peu accrocheur, mais cela correspond bien à ma façon de voir les choses. Le chapitre suivant est consacré au grand débat entre l'État et l'entreprise, débat et lutte de pouvoir tout à la fois. Le chapitre XI a quant à lui un titre beaucoup trop ambitieux : « L'État et le citoyen ». Je ne peux évidemment pas tout couvrir. J'aborde quatre questions : la formation, l'enseignement et le travail, puis la taxation et la redistribution, la langue et, enfin, l'environnement, quatre questions qui sont au centre de la vie de tous les jours.

La conclusion ramène à ce qui m'est toujours apparu comme la raison profonde, essentielle de la souveraineté du Québec : être responsable de soi-même dans une démocratie où l'État est pleinement redevable à ses citoyens.

Chapitre I

Première étape : négocier la souveraineté-association

Le 20 mai 1980, les Québécois furent appelés à voter sur la question suivante : « Le gouvernement du Québec a fait connaître sa proposition d'en arriver, avec le reste du Canada, à une nouvelle entente fondée sur le principe de l'égalité des peuples ; cette entente permettrait au Québec d'acquérir le pouvoir exclusif de faire ses lois, de percevoir ses impôts et d'établir ses relations extérieures, ce qui est la souveraineté, et, en même temps, de maintenir avec le Canada une association économique comportant l'utilisation de la même monnaie ; aucun changement de statut politique résultant de ces négociations ne sera réalisé sans l'accord de la population lors d'un autre référendum ; en conséquence, accordez-vous au gouvernement du Québec le mandat de négocier l'entente proposée entre le Québec et le Canada ? »

On demandait donc aux Québécois de donner à leur gouvernement le mandat de négocier la souveraineté du Québec, sur la base de conditions précises définies à l'avance, en les assurant qu'une fois les négociations achevées, le résultat serait soumis à un autre référendum.

Tenter l'indépendance

Le gouvernement qui proposait cette question était au pouvoir depuis le 15 novembre 1976. Dirigé par René Lévesque qui l'avait

fondé, le Parti québécois était l'aboutissement d'un long cheminement qui a été souvent décrit et dont je ne retracerai ici que
quelques grandes lignes, pour illustrer mon propos.

Les années qui suivent la Deuxième Guerre mondiale
vont être caractérisées par la guerre froide entre États-Unis et
Union soviétique et par un mouvement général de décolonisation. L'effondrement des empires coloniaux fait apparaître des
dizaines de nouveaux pays indépendants, en commençant par
l'Inde et le Pakistan en 1947. Cet immense mouvement qui se
fait souvent dans la violence n'a guère d'impact dans un Québec
qu'une poignée d'intellectuels n'arrive pas à sortir de sa torpeur,
jusqu'à la toute fin des années 1950. La Révolution tranquille va
tout changer, va allumer des espoirs chez chanteurs et poètes,
politiciens et fonctionnaires, gens d'affaires et agriculteurs,
femmes et hommes, jeunes et vieux. C'est une vraie révolution,
sorte de vengeance sur l'histoire, qu'a bien exprimée le slogan
électoral de Jean Lesage : « Maîtres chez nous ».

La révolution est tranquille : maintenant qu'on la voit avec
un certain recul, elle ne l'est en fait pas tant que cela. Des bombes
sautent pendant quelques années. Il y a des morts. L'enlèvement
d'un diplomate britannique et d'un ministre, puis l'assassinat
de ce dernier en 1970, l'occupation de Québec par l'armée qui
va s'ensuivre, marquèrent la fin du chapitre de la violence. Non
pas à cause de la répression, mais à cause du rejet patent par la
population qui affirme clairement son attachement aux valeurs
démocratiques. René Lévesque va jouer, au cours des événements
de 1970, un rôle crucial pour maintenir son parti dans le respect
de l'ordre.

Mais cela est — si l'on peut dire — marginal, par rapport au
bouillonnement des idées dans les milieux indépendantistes. En
1961, Marcel Chaput publie *Pourquoi je suis séparatiste*[2] et Raymond

---

2. Marcel Chaput, *Pourquoi je suis séparatiste*, Montréal, Éditions du Jour, 1961, 156 p.

Barbeau, *J'ai choisi l'indépendance*[3]. Le Rassemblement pour l'indépendance nationale (RIN) de D'Allemagne et de Bourgault a été fondé à la fin de 1960, et Raoul Roy publie *La Revue socialiste*[4], qui s'adresse aux indépendantistes de gauche. En 1965, un peu avant de prendre le pouvoir, l'Union nationale publie *Égalité ou indépendance*[5]. L'élection de 1966 a une signification historique particulière. Pour la première fois, des partis politiques indépendantistes y participent : le RIN et le Ralliement national (RN). Le premier est progressiste, le second est d'origine créditiste, plutôt à droite. Ils prennent respectivement 5,5 % et 3,2 % des votes. La quasi-totalité des votes du RIN et une partie du vote du RN ont été prises aux libéraux. Jean Lesage, le premier ministre qui a présidé au déroulement de la Révolution tranquille depuis ses débuts, est battu. Arrive au pouvoir un parti élu pour réaliser soit l'égalité, soit l'indépendance. Ce ne sera ni l'une ni l'autre, mais la Révolution tranquille, elle, continue.

Toute cette agitation a soulevé bien des espoirs mais n'a pas été canalisée pour aboutir à une volonté d'indépendance. Il est vrai que bien des peuples arrivent à se construire un pays. Pourquoi pas nous ? Il manque, pour convaincre cet électorat québécois en pleine ébullition mais qui reste d'une prudence atavique, la crédibilité. Bien sûr, les Québécois sont emballés de constater qu'ils peuvent réaliser de grandes choses si on leur en donne l'occasion. Manic-5 est une sorte de révélation. Créer la Caisse de dépôt et placement et entrevoir les façons de s'appuyer sur nos propres ressources est impressionnant. Tripler le nombre des élèves à l'enseignement secondaire en cinq ans est un objet de fierté et d'espoir. « Qui s'instruit s'enrichit. »

De là, cependant, à couper les liens avec le Canada, il y a toute une marge, beaucoup de crainte, des peurs qu'il sera

---

3. Raymond Barbeau, *J'ai choisi l'indépendance*, Montréal, Éditions de l'Homme, 1961, 127 p.

4. *La Revue socialiste* (1959-1965).

5. Daniel Johnson, *Égalité ou indépendance*, Montréal, Éd. Renaissance, 1965.

facile d'attiser, mais aussi des obstacles réels. Néanmoins, les oppositions fréquentes, les tensions perpétuelles, le désordre que provoque la surenchère des gouvernements pour arracher l'appui de l'électeur font de l'indépendance une tentation de plus en plus vive. Mais comment réconcilier la tentation d'être responsable de soi-même et la peur d'être ruiné?

Les dangers d'être seuls

Il faut dire que le danger est grand. Cela demande quelques explications. Plus de la moitié de la production québécoise est exportée. Le plus important des marchés extérieurs est le reste du Canada, d'abord et avant tout l'Ontario. Des exportations internationales, les trois quarts vont aux États-Unis. Trente pour cent des ouvriers d'usine québécois travaillent dans le textile, le vêtement, la chaussure et le meuble, secteurs traditionnels hautement protégés par des tarifs douaniers et des quotas. Sans doute, depuis la création de l'Accord général sur les tarifs douaniers et le commerce (GATT), l'ancêtre de l'Organisation mondiale du commerce (OMC), les barrières commerciales ont-elles été graduellement abaissées. Mais, partant d'un niveau très élevé, elles n'en demeurent encore pas moins des obstacles redoutables au commerce.

Aux États-Unis, les droits de douane sont du même ordre, sinon plus élevés encore. C'est le genre de situation qui a amené un jeune économiste encore fédéraliste, nommé Jacques Parizeau, à écrire dans le *Devoir* du 24 novembre 1961:

> L'idée du séparatisme n'est pas forcément absurde dans l'ordre économique, mais les obstacles seraient nombreux et redoutables... La province se sépare du reste du pays. Du coup, les marchés des neuf autres provinces se ferment, la production de l'industrie québécoise tombe. Le chômage s'étend. Ce qui est plus grave encore, les entreprises ne disposent plus que d'un marché de cinq millions d'habitants au lieu de dix-huit comme auparavant. Les capitaux étrangers quittent la province,

le niveau de vie des générations à venir en est sérieusement compromis. Montréal perd son rôle de métropole. Son port n'est plus que l'ombre de lui-même... Le prix de la sécession serait donc élevé, à moins de maintenir une union douanière avec le reste du Canada. Autrement, le Québec aurait trois options : un programme intensif d'industrialisation ou des relations plus étroites avec l'Europe ou les États-Unis, ou enfin, et pour longtemps, l'abaissement du niveau de vie[6].

S'il fallait donc que le Québec déclare son indépendance et que le Canada décide alors — ce qui serait normal — de traiter le Québec comme un pays étranger et lui applique donc les mêmes droits de douane qu'il applique, par exemple, aux produits européens ou américains, le Québec serait coincé entre les tarifs imposés par le Canada et les États-Unis. En somme, on voyait bien que les peuples du monde entier accédaient à l'indépendance et, d'autre part, on voyait clairement que de suivre cet exemple pouvait vouloir dire un sérieux affaissement du niveau de vie.

La solution, on s'en rendrait compte beaucoup plus tard, était du côté du marché commun européen. Le Traité de Rome qui le créait venait d'être ratifié en 1957. Mais cela apparaissait encore bien loin, ou en tout cas, assez peu pertinent. En 1968, René Lévesque publie *Option Québec*[7] et crée le Mouvement souveraineté-association. Il aborde de front le dilemme auquel se sont butés jusque-là les divers mouvements souverainistes. Le Québec sera un pays véritable mais il sera associé au Canada par des accords qui permettent de maintenir la liberté des échanges. Ces accords seront profitables aux deux parties : René Lévesque n'a pas à l'égard du monde anglo-saxon la méfiance si fréquente chez ceux qui ne le connaissent pas. L'association avec le Canada anglais peut prendre diverses formes, être plus

---

6. Jacques Parizeau, cité par Jacques Lacoursière, *Histoire populaire du Québec*, tome V : 1960-1970, Sillery, Septentrion, p. 117-118.

7. René Lévesque, *Option Québec*, Montréal, Les Éditions de l'Homme, 1968, 173 p.

ou moins étroite. Cela dépendra des circonstances et des intérêts de chacun. La souveraineté-association relève pour une bonne part de l'intuition. Mais cela correspond exactement à ce que les Québécois souhaitent. Il y a là une sorte d'adéquation du désir d'être soi-même à la crainte de se retrouver seul.

Le Mouvement souveraineté-association fusionnera avec le RN pour devenir le Parti québécois, puis le RIN se dissoudra pour laisser ses membres adhérer au nouveau parti. Fondé officiellement en 1968, il participe aux élections générales de 1970. Le début de la campagne électorale est fulgurant, mais l'opposition au mouvement souverainiste organise une opération qui va freiner le mouvement. C'est l'affaire de la Brink's. Elle a eu un tel impact sur la suite des événements qu'elle mérite d'être décrite même si elle date de près de 40 ans. Le dimanche matin, une semaine avant le scrutin, une demi-douzaine de camions de la compagnie Brink's qui, à cette époque, assure le transport de l'argent et des titres entre les agences des banques et des institutions financières, sont stationnés devant l'immeuble du Montreal Trust, place d'Armes à Montréal. Une vingtaine d'agents de sécurité armés chargent des sacs dans les camions alors même qu'un photographe de presse passe par là (revenant probablement de la messe à la basilique Notre-Dame, juste en face). La scène, dûment photographiée, a un formidable impact. L'argent du Québec, l'épargne des Québécois, s'en va à Toronto. On l'avait dit : l'indépendance, c'est la ruine. Aujourd'hui, après des décennies de débats sur l'argent et l'économie, une telle histoire ferait long feu. À l'époque, on comprit pour longtemps que la souveraineté était dangereuse, que l'indépendance mettrait en péril la monnaie (la « piastre à Lévesque ») et les pensions de vieillesse... entre autres choses. Néanmoins, le Parti québécois prit 23 % des voix et sept sièges.

Trois ans plus tard, une nouvelle élection générale eut lieu. La souveraineté-association fut à nouveau l'enjeu principal de l'élection de façon peut-être plus radicale qu'en 1970.

Le choix entre le dollar canadien comme monnaie commune ou l'établissement d'une monnaie québécoise n'était pas encore fait. D'autre part, à la suite d'un congrès précédent, les militants avaient conclu que, si le Parti québécois prenait le pouvoir, le nouveau gouvernement aurait le mandat de réaliser la souveraineté-association. Le parti s'était remis des événements d'octobre 1970 et retrouvait sa force. Néanmoins, peu avant le jour du scrutin, la stratégie est changée. On prend d'abord le pouvoir, puis, deux ans plus tard, on réalisera la souveraineté-association, ce qui logiquement devrait entraîner un référendum (qui sera formellement engagé au congrès de 1974).

Le Parti québécois prend 31 % des voix, devient l'opposition officielle mais avec six sièges seulement. Le résultat sera considéré comme une défaite, et on accrédite l'idée qu'il faut dorénavant scinder la démarche qui vise le pouvoir et celle qui aboutit à la souveraineté. Ce n'est que par référendum qu'on atteindra l'objectif. Plus encore, on commence à invoquer que la souveraineté fait peur à l'électorat pas trop sûr de lui-même. En somme, trop mettre l'accent sur la souveraineté, même liée au besoin par un trait d'union à l'association, réduit les chances de prendre le pouvoir.

C'est dans cet esprit que sera préparée l'élection suivante, celle de 1976. D'abord, fournir aux Québécois un bon gouvernement, puis, plus tard, mais au cours du premier mandat, obtenir, par référendum, le droit d'ouvrir des négociations pour atteindre l'objectif ultime : la souveraineté-association. L'extraordinaire charisme de René Lévesque, la force de ses convictions et son sens prodigieux de ce que ressentent les Québécois vont maintenir une grande cohésion dans un parti qui avait été fortement secoué par les événements, par les conflits d'idées et par l'importance des moyens mis à la disposition des fédéralistes.

Le pouvoir

Le Parti québécois prend le pouvoir en novembre 1976, avec seulement 41 % des voix. L'impopularité du précédent gouvernement a fait réapparaître deux partis, rayés de la carte en 1973, mais qui redevenaient nécessaires pour les fédéralistes, qui ne voulaient plus des libéraux et ne voulaient pas non plus de l'indépendance du Québec. La majorité des sièges est cependant largement suffisante pour gouverner. Le Conseil des ministres est étonnant, certainement le plus étoffé de tous ceux que le Québec ait connus sur le plan des diplômes, des carrières et de la notoriété publique. La qualité de la législation (dont la Charte de la langue française, le financement des partis politiques, la protection du territoire agricole, l'assurance-automobile, la santé et sécurité au travail, etc.), la capacité de résister aux assauts des milieux financiers en s'appuyant sur les instruments qu'a légués la Révolution tranquille, la propreté de la gestion des affaires publiques, créent une profonde impression. L'objectif de la souveraineté en pâtit, cependant, en ce sens que la préparation du référendum va en souffrir. L'intuition fondamentale de René Lévesque, visant à maintenir coûte que coûte l'espace économique canadien, donne lieu, sans doute, à quelques études, mais qui n'ont rien de systématique. Si l'examen des choix entre une monnaie québécoise ou le maintien de l'union monétaire donne lieu à des centaines de pages d'études, la situation budgétaire d'un Québec souverain n'attire guère l'attention. Surtout, immergés dans les changements majeurs que le gouvernement apporte au Québec, ministres et députés n'accordent guère d'importance au référendum tant que, en 1980, la question ne sera pas déposée à l'Assemblée nationale, laissant René Lévesque tenir seul, à travers les arbitrages que les affaires courantes exigent, le flambeau de la cause.

La préparation de la souveraineté-association

La meilleure présentation du projet de la souveraineté-association est un document déposé à l'Assemblée nationale le 1er novembre 1979 — donc trois ans après la prise du pouvoir — intitulé *La nouvelle entente Québec-Canada. Proposition du gouvernement du Québec par une entente d'égal à égal : la souveraineté-association*[8].

Le document comporte un ensemble de propositions très cohérent. La base du projet est d'abord la libre circulation des produits, des personnes et des capitaux. Il y aura union douanière, c'est-à-dire que les tarifs douaniers à l'égard des pays tiers seront les mêmes. Une union monétaire est souhaitée, c'est-à-dire que le dollar canadien sera la monnaie commune. On harmoniserait les politiques économiques, budgétaires ou sociales, selon l'intérêt des deux parties. On assure aux Québécois qui travaillent pour le gouvernement fédéral un emploi de même ordre dans la fonction publique du Québec. Tout résidant du Québec qui est citoyen canadien deviendra citoyen du Québec, et pourra, si le gouvernement canadien y consent, garder sa citoyenneté canadienne. Des ententes sont envisagées pour des choses aussi différentes qu'un passeport commun ou la défense nationale. Le Québec ferait partie de l'entente sur la voie maritime du Saint-Laurent et on reconnaîtrait les obligations découlant des traités signés par le Canada, de même qu'il reconnaîtrait les engagements à l'égard de l'Organisation du traité de l'Atlantique Nord (OTAN) et du Commandement de la défense aérienne de l'Amérique du Nord (NORAD).

Des organismes conjoints (autorité monétaire, tribunal pour trancher les conflits d'interprétation, par exemple) seraient établis, dont certains seraient paritaires, alors que d'autres refléteraient la différence d'importance démographique ou économique.

Au point où on en est, c'est-à-dire en 1979, on sait que l'expérience européenne est un succès et qu'elle continue de se

---

8. Québec, Gouvernement du Québec, conseil exécutif, 1979, 118 p.

développer. On sait que d'autres associations apparaissent sur d'autres continents. Ce qui, en 1967, était une intuition est en 1979 le résultat d'observations. Mais on sait aussi qu'il s'est avéré plus facile de regrouper dans des unions économiques des pays politiquement souverains que d'associer économiquement des pays qui viennent de se séparer. On ne conçoit pas, cependant, que le Québec devienne un pays indépendant du Canada sans une association économique élaborée. On ne néglige aucun effort pour persuader les Québécois que la souveraineté et l'association sont essentielles à la prospérité et à l'épanouissement du Québec. Mais le Canada anglais va-t-il accepter? Ce serait rationnel de sa part d'accepter, Montréal et Toronto vivant comme les banlieues économiques l'une de l'autre. Il n'en reste pas moins que le Canada sans le Québec est plus de trois fois plus important que le Québec. Est-il raisonnable de penser que l'on puisse négocier vraiment d'égal à égal, que les organismes créés en vertu du nouveau contrat d'association soient vraiment paritaires? On peut le suggérer, mais est-ce que cela sera accepté? Le petit Luxembourg peut bien participer à des négociations avec l'Allemagne d'égal à égal parce que les membres sont une douzaine à négocier d'égal à égal. Mais dans une association à deux, est-ce réaliste de croire que c'est possible?

Dans le document dont j'ai déjà fait état, *La nouvelle entente Québec-Canada*, qui a été présenté à l'Assemblée nationale quelques mois avant le référendum de 1980, on peut lire: «De nombreuses personnalités politiques ou autres du Canada anglais affirment à qui veut les entendre leur refus catégorique de négocier. Cela est de bonne guerre, même si la tactique est un peu grosse. Il ne faut pas s'y laisser prendre mais, au contraire, se convaincre que, devant un Oui majoritaire des Québécois au référendum, Ottawa et le reste du Canada, quoique déçus, n'auront pas le choix; ils négocieront[9].»

Cette argumentation va devenir de plus en plus difficile à tenir. Au fur et à mesure que le temps passe, et singulièrement

---

9. *Ibid.*, p. 77.

pendant la campagne référendaire, les souverainistes élaborent des propositions détaillées qui ne donnent lieu à aucune discussion de la part du Canada anglais[10]. Le refus de négocier quoi que ce soit est devenu une sorte de position officielle.

L'argumentation du gouvernement fédéral est d'un tout autre ordre. En vertu d'une nouvelle politique de l'énergie, le gouvernement fédéral a forcé l'Ouest à fournir à l'Ontario son pétrole à un prix très inférieur au prix mondial. L'année 1979 est marquée par la deuxième crise pétrolière et le prix du pétrole double en quelques semaines. Dans l'Est, où on importe le pétrole du Venezuela ou du Moyen-Orient, on paye le prix mondial. Pour égaliser le prix, des subventions importantes sont accordées aux consommateurs des provinces maritimes et du Québec. Et c'est ainsi que, pendant toute la campagne référendaire, on pourra soutenir avec raison que, si le Québec se sépare, «le gaz va être beaucoup plus cher». En plus, bien sûr, de toutes les horreurs que la souveraineté entraînera!

Pendant des années, les souverainistes ont discuté sérieusement de ce que la souveraineté pouvait apporter. Des textes accessibles et clairs ont présenté des argumentaires non seulement intéressants mais parfois même emballants. Je pense ici par exemple à *Quand nous serons vraiment chez nous*[11], publié par le conseil exécutif du Parti québécois en 1972, vendu en librairie et qui fut un grand succès d'édition. Ce regard sur le monde de demain s'appuyait sur l'association, si bien vendue aux Québécois pour leur faire accepter l'indépendance que, dans l'esprit d'un grand nombre d'entre eux, l'une n'allait pas

---

10. Une étonnante exception est le livre de l'urbaniste de Toronto Jane Jacobs, *The Question of Separatism, Quebec and the Struggle over Sovereignty*, New York, Random House, 1980. Ce livre, qui demeure d'actualité en 2009, présente remarquablement bien la démarche du gouvernement du Québec en 1980.

11. Parti québécois, *Quand nous serons vraiment chez nous*, Montréal, Éditions du Parti québécois, 1972.

sans l'autre. Ailleurs au Canada, on refusait l'association et on ne discutait de l'indépendance qu'en termes négatifs[12].

Le référendum de 1980

Les considérations économiques dominaient évidemment le débat, puisque c'est sur ce plan que l'on pouvait le plus facilement attiser les craintes de ceux qui hésitaient. Le coup de grâce ne fut pas, cependant, de nature économique. Quelques jours avant le référendum, le premier ministre du Canada, M. Pierre Elliott Trudeau, promit solennellement au nom de son gouvernement que, si le non prévalait, une nouvelle constitution serait élaborée. Les Québécois qui sont depuis leur jeunesse exposés à des réclamations constitutionnelles conclurent que les modifications annoncées leur seraient favorables. En fait, la nouvelle constitution, celle de 1982, enleva à l'Assemblée nationale des pouvoirs dont le Québec disposait depuis 1791. Les gens s'étaient fait rouler.

Les résultats du référendum furent : oui, 40 % et non, 60 %. Pour René Lévesque, l'échec était terrible. Pour beaucoup de ceux qui l'avaient suivi, l'humiliation a marqué leur vie. Ou s'il ne s'agissait pas d'humiliation, c'était le découragement. Mais, dans l'année suivant le référendum, donc en 1981, le Parti québécois était réélu. Tout se passait comme si, pour se faire pardonner le résultat du référendum, beaucoup de Québécois voulaient maintenir un gouvernement dont la performance, comme gouvernement, avait été exceptionnelle. En même temps, ils continuaient d'appuyer Pierre Elliott Trudeau à Ottawa...

---

12. Sur les conditions et modalités de l'accession à la souveraineté, l'excellent livre de 1976 du professeur Jacques Brossard de l'Université de Montréal garde encore toute sa pertinence : Jacques Brossard, *L'accession à la souveraineté et le cas du Québec, conditions et modalités politico-juridiques*, Presses de l'Université de Montréal, 1976/1995, 853 p.

Dès 1981 commence une récession brutale. L'économie du Québec va plonger mais, de toutes les provinces canadiennes, ce sera celle qui se redressera le plus rapidement. Corvée-Habitation, où toute la société civile participera au redressement de la construction résidentielle, est un étonnant épisode où on constate à quel point le Québec sait maintenant se servir des instruments qu'il a créés. La fondation par la Fédération des travailleuses et travailleurs du Québec (FTQ) du Fonds de solidarité, qui deviendra rapidement le plus important fonds à capital de risque au Canada, montre à quel point le dynamisme de la société est toujours présent.

Et pourtant, sur le plan politique, on entre dans une phase de confusion pénible. À Ottawa, l'arrivée au pouvoir de Brian Mulroney change l'attitude du gouvernement fédéral à l'égard du Québec. Dorénavant, on va chercher à réintégrer le Québec dans la mouvance canadienne. La Constitution canadienne sera aménagée pour que le Québec puisse s'y retrouver dans « l'honneur et l'enthousiasme », comme le dit le premier ministre du Canada dans un discours d'une importance historique. René Lévesque accepte de tenter l'expérience. Ce sera l'épisode du « beau risque ». Le caucus et le Conseil des ministres éclatent. René Lévesque démissionne et arrive à la direction du gouvernement Pierre Marc Johnson, le fils de celui qui s'était fait élire aux accents de « Égalité ou indépendance ». Il ne s'agit maintenant plus de cela. On gérera dorénavant la décroissance d'un idéal.

Les leçons de la première tentative

Quelques leçons importantes se sont petit à petit dégagées de cette première tentative:

> 1- Les souverainistes ont montré qu'ils pouvaient gérer. Ils s'étaient engagés à assurer un bon gouvernement. L'opération fut réussie au-delà de toute espérance et la

question ne fut plus jamais soulevée par la suite. Il y eut des hauts et des bas, forcément, mais le Parti québécois est reconnu comme un parti de gouvernement;

2- Avec les instruments dont il dispose, le Québec peut se défendre aisément contre les tentatives de déstabilisation financière. La fermeture des marchés financiers canadiens et américains dès l'élection de 1976 n'a comme résultat que de faire perdre des commissions aux maisons de courtage nord-américaines. Les besoins d'emprunts — ils étaient considérables — furent satisfaits par les marchés suisse, britannique, allemand et japonais à des taux d'intérêt normaux;

3- On se défend mal contre le refus de négocier l'association. Cela a pris du temps à comprendre que, pour un Canadien, négocier alors qu'un référendum n'a pas eu lieu et n'a pas été gagné est une sorte de trahison. C'est comme reconnaître à l'avance que les souverainistes vont gagner;

4- Comme corollaire, ceux qui se sentent Canadiens ne se contenteront pas, pour défendre leur pays, d'arguments économiques et financiers. Les souverainistes accordent une importance démesurée — cela est inévitable — aux justifications et aux argumentations d'ordre économique puisque les craintes que l'on éprouve à l'égard de l'indépendance du Québec sont de cet ordre. Pour les Canadiens, le fait que leur pays soit menacé les amène à faire jouer la fierté et l'émotion. À la limite, ils ont l'impression d'être en guerre. C'est ce qui explique des épisodes comme « la nuit des longs couteaux » de 1981, où les premiers ministres du Canada « conspirèrent » — il n'y a pas d'autre mot — pour modifier la

Constitution canadienne, sans que René Lévesque ne soit averti des engagements qui furent pris cette nuit-là. La nouvelle Constitution de 1982 n'a jamais été ratifiée par le Québec, quels que soient les premiers ministres qui ont été en poste ;

5- Enfin, dans cette atmosphère d'opposition perpétuelle entre Québec et Ottawa, d'opposition aussi entre partis fédéralistes et souverainistes au Québec, le charisme du premier ministre du Québec joue un rôle non seulement majeur mais essentiel pour maintenir une cohésion durable. On l'a vu avec René Lévesque. On le constatera à nouveau avec Lucien Bouchard au cours de l'épisode suivant.

Deuxième étape : réaliser la souveraineté

Le 30 octobre 1995, les Québécois furent appelés à répondre à la question suivante : « Acceptez-vous que le Québec devienne souverain après avoir offert formellement au Canada un nouveau partenariat économique et politique dans le cadre d'un projet de loi sur l'avenir du Québec et de l'entente signée le 12 juin 1995 ? »

Le résultat de ce deuxième référendum fut le même que celui de 1980 : le non l'emporta. De peu. Il n'y eut, on l'a dit, que 52 000 voix de différence sur 5 millions de votes exprimés. Le oui représentait donc 49,4 % du total. C'était évidemment bien mieux que le résultat de 1980. Le progrès n'était pas seulement celui des chiffres. Le libellé de la question invoquait un changement fondamental dans la façon d'envisager la réalisation de la souveraineté.

La première fois, on avait demandé aux Québécois d'autoriser leur gouvernement à négocier, et aucun geste de rupture n'aurait été posé avant qu'un second référendum ne vienne approuver les résultats de la négociation. En 1995, on propose aux Québécois d'autoriser leur gouvernement à réaliser la souveraineté. Pour cela, des négociations doivent avoir lieu avec le gouvernement fédéral. Mais si ces négociations n'aboutissent pas dans un délai déterminé, l'Assemblée nationale aura le pouvoir de déclarer l'indépendance du Québec. Des précautions sont prises pour assurer un suivi correct de ces négociations. Un projet de loi définit en termes simples le cheminement vers la souveraineté et les mesures de transition. Il sera distribué dans tous les foyers du Québec. Si le oui l'emporte, l'indépendance se fera. Il s'agit donc d'une tout autre opération que celle de 1980.

De plus en plus de pays

Au cours des 15 ans qui séparent les deux référendums, des changements considérables se sont produits dans le monde (et dans la perception qu'on en a en Amérique du Nord) et dans les rapports entre le Canada et le Québec. On ne voit pas les choses du même œil. La remarquable intuition de René Lévesque qui lui a évité de chercher à aller trop loin trop vite, a perdu de sa pertinence. Ce qui était trop loin s'est rapproché. Ce qui allait trop vite s'envisage maintenant avec moins de risque. Il faut dire que les changements sont surprenants. Les cadres politiques craquent de partout. C'est déjà extraordinaire que le monde soviétique implose en aussi peu de temps. Plus surprenant encore, cette implosion se fait (sauf dans le Caucase) à peu près sans violence. Qui eût cru, par exemple, que la Russie accepterait avec un tel calme l'indépendance de l'Ukraine, après tant de siècles de domination? L'éclatement de la Yougoslavie en sept pays indépendants va être plus agité chaque fois que la Serbie est en cause, mais, à l'opposé, l'éclatement de la Tchécoslovaquie va se faire non seulement sans violence mais par simple décision des deux Parlements impliqués, pendant que les actifs sont partagés, comme s'il s'agissait d'un divorce à l'amiable.

Ce qu'il y a d'intéressant dans ces mouvements, c'est que tous les nouveaux pays qui apparaissent traduisent le désir de chaque peuple, de chaque nation bien définie par l'histoire, d'atteindre une existence politique autonome.

Dans les démocraties d'Europe occidentale, où l'État-nation avait longtemps maintenu les différences culturelles à un niveau folklorique, des problèmes identitaires sont devenus à ce point sérieux que la remise en cause de l'unité de certains de ces pays est sérieusement discutée. Il n'est pas farfelu d'imaginer que Flamands et Wallons se partagent la Belgique le jour où le statut de Bruxelles aura été clarifié. L'Écosse a retrouvé le parlement qu'elle avait perdu depuis trois siècles et un parti indépendantiste est au pouvoir. Les Catalans auraient peut-être déjà un pays à eux si leur succès économique n'avait pas attiré pendant plusieurs années un grand nombre d'Espagnols de régions plus pauvres. Quant aux Basques, ils devaient tenir un référendum en 2008 sur leur indépendance, jusqu'à ce que le Parlement de Madrid le leur interdise. Dans d'autres pays, des forces centrifuges s'intensifient, même si elles ne menacent pas directement l'unité des pays. La Bavière en Allemagne en est un exemple. Quant à la Corse…

Petit pays, grand marché

En fait, l'Europe est devenue une sorte de laboratoire, où toutes espèces de formules politiques sont envisageables et sont effectivement envisagées. L'indépendance dans le sens traditionnel du terme, le fédéralisme comportant une sorte d'indépendance culturelle (on pense ici à la décentralisation radicale de la radio et de la télévision en Belgique), la tentative d'établir des rapports directs avec l'Union européenne en maintenant le cadre ancien de l'État-nation, l'Europe des régions ou l'Europe des grandes villes, il y a là un bouillonnement remarquable qui n'est pensable que parce que l'on comprend que chaque peuple, chaque nation peut définir le statut politique qui correspond à ses aspirations, à une condition, fondamentale : que ce peuple, cette nation appartienne à un grand marché. C'est, en somme, la leçon que l'Europe va servir au monde à la fin du XXe siècle : il n'y a pas de pays trop petit pour se développer, à la condition d'être partie d'un grand marché commercial. Et son degré de prospérité, dans ce grand marché, dépendra du soin qu'il apportera à accroître la productivité et l'innovation de ses entreprises.

Cette découverte est une révolution. Jusque-là, les frontières politiques d'un pays avaient une signification économique, définissant souvent le marché. Ou alors des gestes économiques finissaient par constituer des pays... L'unification de l'Allemagne dans la seconde moitié du XIXe siècle est le résultat d'une union douanière, le Zollverein. Le Canada lui-même est une création économique composée de deux grands éléments : la construction d'un chemin de fer transcontinental et l'établissement d'un tarif douanier qui favorisera la circulation des produits d'est en ouest sur le chemin de fer, par opposition à la circulation normale, naturelle, du nord au sud. Ces gestes qui créent un marché créent aussi un pays et, dans les manuels d'histoire économique du Canada, on y réfère comme étant la *National Policy*.

Aujourd'hui, les grands marchés recouvrent le monde. L'Union européenne est, bien sûr, l'ancêtre et une sorte de modèle. On s'est contenté de faire de l'ALENA une zone de libre-échange. Le Marché commun de l'Amérique du Sud (Mercosur) se constitue graduellement autour du Brésil et a fait comprendre aux Américains que la zone de libre-échange des Amériques n'avait guère d'avenir. L'Union économique et monétaire ouest-africaine (UEMOA) a permis à des pays parmi les plus pauvres du monde de ne pas aborder les puissances économiques de notre époque de façon dispersée. Et on peut en dire autant du Marché commun des Caraïbes (CARICOM).

Cela a pris du temps pour que l'on comprenne cette leçon de l'Union européenne, pour que l'on en tire des conclusions politiques. Lorsque le secrétaire général des Nations Unies va affirmer, à Montréal, en 1995, qu'il ne serait pas surpris qu'au tournant du siècle, l'Organisation des Nations Unies (ONU) compte 200 membres, on trouve qu'il exagère (ou on feint de le croire). Mais c'est la conséquence de la constitution des grands marchés à travers le monde. On n'est pas trop petit pour être prospère. L'intégration économique ne réduit pas le nombre des pays indépendants, elle contribue à l'augmenter. Dans ce sens, un peuple qui aujourd'hui veut devenir un pays n'est ni attardé ni ringard. Il se situe dans le sens de l'histoire.

Cette longue introduction était nécessaire pour faire comprendre à quel point le contexte dans lequel se situe le référendum de 1995 est différent.

Le libre-échange canado-américain

En 1988, le Congrès américain est devenu très protectionniste. Représentants et sénateurs présentent, les uns après les autres, des projets de lois destinés à protéger des industries locales. Je n'ai jamais vu une liste complète de ces projets de lois, mais j'en ai vu suffisamment pour me rendre compte du danger, pour l'économie canadienne et québécoise, que cela pouvait représenter. Le président Reagan qui, depuis quelques années déjà, a proposé au Canada un traité de libre-échange, revient à la charge. Il ne faut pas que les États-Unis engagent une guerre commerciale avec leur principal client, c'est-à-dire le Canada. Le premier ministre du Canada, M. Mulroney, saisit l'occasion — après tout, il comprend lui aussi le danger que représentent les propositions du Congrès. L'Ouest du Canada accepte : il est traditionnellement favorable au libre-échange avec les États-Unis. L'Ontario, c'est tout autre chose. Depuis l'établissement de la *National Policy* en 1878, les filiales de sociétés américaines se sont installées dans la péninsule du sud de l'Ontario, c'est-à-dire au centre du pays. Elles en ont constitué le cœur industriel. Sans doute à l'abri des tarifs, des entreprises canadiennes ont, elles aussi, prospéré, mais périodiquement, des vagues de fusions ont maintenu la prépondérance des sociétés américaines, dans le secteur manufacturier en particulier[13]. À la suite d'un traité de libre-échange, les sociétés américaines vont-elles maintenir leurs succursales canadiennes ?

---

13. Les années 1950 vont être décrites comme *The Big Takeover*.

Le premier ministre de l'Ontario, M. David Peterson, ne se sent pas capable de prendre le risque. Il menace même le premier ministre du Canada de recourir aux tribunaux pour bloquer la signature du traité et, en tout cas, mène une sérieuse campagne politique contre son adoption.

C'est finalement du Québec que dépendra l'issue du conflit. Le premier ministre, M. Robert Bourassa, est plutôt pour le traité, mais craint la réaction des syndicats. Le chef de l'opposition officielle est plutôt contre, reflétant les positions traditionnelles du Parti québécois. Certains des dirigeants du Parti québécois ne partagent pas ces hésitations, Bernard Landry en particulier[14]. Quant à moi, j'ai longuement témoigné en faveur du traité de libre-échange devant une Commission parlementaire alors que, après les huit années que j'ai passées comme ministre des Finances, je suis redevenu professeur à l'École des HEC et n'ai pas encore été élu président du Parti québécois[15]. Là se situe un épisode déterminant pour comprendre le référendum de 1995. Il a commencé en 1988 et a donc duré sept ans. J'en ai dirigé la stratégie de bout en bout, à l'exception d'un de ses épisodes. Je vais donc utiliser la première personne du singulier sans chercher, par des artifices, à masquer la responsabilité de l'opération.

Il n'y a pas eu de débat politique au sujet du traité de libre-échange au Québec. M. Bourassa et moi ne voulions pas de débat. La question serait traitée de façon bipartisane. Sur le plan économique, cela se comprenait. Au Québec, les succursales des sociétés américaines ne jouaient pas le même rôle qu'en Ontario, et les entreprises québécoises, dont plusieurs avaient trouvé dans le Régime d'épargne-actions la base d'une expansion remar-

---

14. Bernard Landry, *Commerce sans frontières : le sens du libre-échange*, Québec-Amérique, 1987, 189 p.

15. Assemblée nationale, Commission permanente de l'économie et du travail, le 16 septembre 1987. Consultation générale sur la libéralisation des échanges commerciaux entre le Canada et les États-Unis. Témoignage de Jacques Parizeau, p. 4049-4063.

quable, étaient capables d'une expansion appréciable aux États-Unis pour peu que les barrières commerciales soient éliminées. Sans doute la récession de 1982 avait-elle été dure, mais la « garde montante » avait un dynamisme tout nouveau et une autorité morale que jamais les milieux d'affaires n'avaient eus chez les Québécois jusque-là.

Sans doute les syndicats étaient-ils, dans l'ensemble, opposés plus ou moins par principe au traité. Le gouvernement Mulroney avait cependant accordé beaucoup d'importance aux mesures de transition pour les salariés qui pourraient être touchés par les effets du libre-échange et, d'autre part, les syndicats industriels québécois se rendaient bien compte que leurs intérêts ne coïncidaient pas avec ceux des syndicats de leurs frères ontariens. Le cas des Métallos avait été, à cet égard, particulièrement significatif.

Le protecteur américain

Si libéraux et péquistes s'entendaient sur l'objectif, c'était bien sûr pour des raisons différentes. On portait sans doute le même diagnostic sur les avantages que les entreprises québécoises pouvaient tirer de la situation, mais nous avions des raisons politiques bien différentes de vouloir le traité. Depuis des années, le Canada anglais menaçait le Québec de sanctions sérieuses si nous nous laissions tenter par l'indépendance. On cesserait d'acheter les vêtements, les textiles, les chaussures et les meubles qui avaient encore un poids non négligeable dans la structure industrielle de Québec. On nous menaçait même de cesser de nous vendre le bœuf de l'Ouest, ce qui était assez bizarre. En tout cas, le chômage augmenterait et le niveau de vie tomberait.

Sans doute la situation n'était-elle plus du tout la même que celle qui régnait à l'époque où René Lévesque écrivait *Option Québec*. Mais on avait si longtemps fait état des dangers de l'indépendance sans la collaboration commerciale du Canada que l'on avait de la difficulté à comprendre le changement complet de circonstances que représenterait un traité de libre-échange avec les États-Unis. Il y a des règles dans une telle entente. Les rapports entre les entreprises seraient assujettis à des règles de comportement définies que les conflits politiques ne pourraient pas facilement défaire. Ainsi, par exemple, quand en 1974 le gouvernement fédéral, pour réserver le marché ontarien au pétrole albertain, avait interdit aux produits raffinés du Québec de pénétrer en Ontario, fermant la moitié des centres de raffinage de Montréal (la ligne Borden) et mettant ainsi en péril l'industrie pétrochimique montréalaise, Québec ne put rien y faire. Mais une telle opération, découlant de l'arbitraire d'Ottawa, aurait été impensable dans le cadre du traité de libre-échange. Ottawa n'aurait pu inventer une « nouvelle frontière » pour le commerce international du pétrole. En fait, les États-Unis, sans l'avoir voulu, deviendraient protecteurs des intérêts québécois contre la « mauvaise humeur » du Canada anglais.

Encore fallait-il s'assurer que, advenant la souveraineté du Québec, le Canada ne pourrait exclure le Québec de l'application de l'entente à deux. Tout seul face au Canada, le Québec était en butte à des difficultés d'ordre émotionnel et politique, irrationnelles ou découlant du poids de l'histoire. Sans doute aussi les entreprises auraient-elles intérêt à maintenir un peu d'ordre dans ce qui apparaîtrait à bien des Canadiens comme inacceptable. Mais qui gagnerait ? La rationalité des affaires ou l'émotion, pour ne pas dire la démagogie ?

L'entrée des États-Unis changeait tout. Les Américains devenaient les garants du fonctionnement du grand marché nord-américain, d'autant plus que, très rapidement après la signature de l'entente de libre-échange, les courants commerciaux seraient complètement réorientés. Au cours des années 1990, les exportations québécoises vers les États-Unis augmentent en moyenne de 8 % par an, alors que, vers le Canada, elles n'augmentent que de moins de 1 %.

Lorsque le président Clinton proposera, à Miami en 1993, une zone de libre-échange des Amériques, « de la Terre de Feu au pôle Nord », personne ne suggère que cela puisse se faire sans le Québec. Sans Cuba, sans doute, tant que Castro sera là, mais pas sans le Québec. Les échanges du Québec avec les États-Unis représentent déjà un montant équivalent à celui du commerce du Brésil et de l'Argentine ensemble avec les États-Unis.

Dans les mois qui précèdent le référendum de 1995, M. James Blanchard[16], ambassadeur des États-Unis au Canada, va souligner à quelques reprises que l'appartenance du Québec à l'ALENA (qui, en 1993, a suivi le traité de libre-échange) ne serait pas automatique. Cela est vrai. L'ALENA est un traité à trois. Plusieurs articles doivent être modifiés pour en faire un traité à quatre; dans la plupart des cas, il s'agit d'amendements de concordance. Mais une clause peut créer problème. On a prévu que, advenant que d'autres pays veuillent devenir membres de l'ALENA, chacun des trois pays fondateurs pourra poser ses conditions à l'acceptation de l'un ou l'autre de ceux qui désirent entrer. Dans le contexte, on voit bien que ces conditions sont d'ordre économique; on ne voudrait pas, par exemple, qu'un pays d'orientation marxiste fasse ainsi partie de l'ALENA. Mais telle qu'elle est rédigée, cette clause pourrait probablement être invoquée pour que le Canada impose au Québec devenu indépendant des clauses d'ordre politique: le bilinguisme officiel, par exemple. C'est une des raisons qui font que, dans ses rapports avec les États-Unis, le Québec met constamment l'accent sur le partage des valeurs démocratiques, le respect des droits de la personne et l'État de droit. Il faut rendre impossible pour le Canada le recours à des considérations politiques fondamentales dans l'application de l'ALENA. Pour ce qui a trait aux considérations d'ordre économique, le capitalisme tel qu'on le pratique au Québec n'a jamais posé problème, quoiqu'on en ait dit.

---

16. James Blanchard, *Behind the Embassy Doors, Canada, Clinton and Quebec*, Toronto, McClelland & Stewart, 1998, 300 p.

En 1995, il est devenu clair que l'avenir économique du Québec est aux États-Unis. L'intégration nord-américaine s'accentue. Le Canada a, bien sûr, toujours une existence politique mais, vu comme une entité économique, c'est un cul-de-sac. L'association entre le Québec et le Canada, essentielle en 1967, est bien moins importante que l'ALENA. Cela, c'est le point de vue de l'économiste. Le point de vue du politicien sera bien différent.

Le partenariat

La souveraineté-association a pris une telle place pendant tant d'années que l'on ne peut imaginer que l'on puisse s'en débarrasser. Le virage serait trop violent. En fait, je n'arriverai pas à faire comprendre que l'association est anachronique, que l'on n'en a plus besoin. Le rassemblement de tous les souverainistes passe par le maintien, sous une forme ou une autre, d'une proposition faite au Canada. L'entente du 12 juin 1995 entre le Parti québécois, le Bloc québécois et l'Action démocratique du Québec propose au Canada un partenariat économique et politique dont les grandes lignes sont tracées. Cette entente servira de base aux négociations qui s'engageront entre le Québec et le Canada lorsque le référendum aura été gagné. Cela m'a été imposé à l'occasion d'un congrès du Bloc québécois. Ma stratégie, en tout cas, reste tout entière basée sur l'idée que le refus canadien ne nous empêche pas de procéder. Négocier, bien sûr, mais ne jamais laisser le refus de négocier nous empêcher de réaliser notre objectif. Ce principe-là, je pense, est sain. Il est possible, cependant, qu'il soit trop simple, trop clair, pas assez… politique. Et il est certainement une sorte de reflet de la mentalité québécoise de donner «une dernière chance».

On va donc élaborer à trois un projet d'entente économique et politique qui sera présenté au Canada. Puisque je suis le moins crédible de tous les négociateurs possibles, je fais introduire dans le projet de loi sur l'avenir du Québec un comité de surveillance des négociations indépendant du gouvernement, auquel des représentants de l'opposition seront conviés quand ils le souhaiteront, qui fera rapport à l'Assemblée nationale et assurera le suivi des négociations. Si, dans l'année qui suit, le comité constate l'impasse, l'Assemblée nationale aura le pouvoir de déclarer l'indépendance. Dans ces conditions, on peut proposer le partenariat sans que son rejet par le Canada anglais devienne l'espèce de droit de *veto* qu'il avait été au cours de la campagne référendaire de 1980.

Le dollar canadien

La même idée a prévalu à l'égard de la monnaie. Si un Québec indépendant veut garder le dollar canadien comme monnaie, on ne peut l'en empêcher. Bien sûr, il serait préférable que le Québec ait des représentants sur le conseil d'administration de la Banque du Canada et puisse participer à la détermination de la politique monétaire, mais, advenant que le divorce soit pénible, il n'y a aucun moyen pour le Canada d'empêcher les Québécois de continuer à se servir du dollar canadien. Les dollars dont nous disposons dans nos comptes en banque, on ne peut nous les enlever. Le système est ainsi fait : il n'y a aucun moyen pour la Banque du Canada de réduire le crédit au Québec sans le réduire partout ailleurs. Des études très techniques furent élaborées pour déterminer à quelles conditions on pourrait empêcher les Québécois de se servir du dollar canadien. Ce n'était possible qu'en multipliant les contrôles, dont l'un des moins draconiens consisterait à empêcher les Canadiens de se servir de leurs cartes de crédit à l'étranger. Rendus là... En somme, si les Québécois veulent garder le dollar canadien, personne ne peut les en empêcher. Et j'ai décidé de façon péremptoire qu'on le garderait.

Pourquoi? Les années 1990 ont été marquées par une multiplication des instruments monétaires. Les mouvements internationaux de capitaux à très court terme ont pris une ampleur extraordinaire. À certains moments, certains jours, on a constaté des déplacements de dollars canadiens qui représentaient 30 ou 40 fois la valeur des mouvements commerciaux. Cela a entraîné une grande volatilité des taux de change. Créer une nouvelle monnaie, dans un tel contexte, aurait été prendre de grands risques. La créer dans un climat hostile comme il aurait fallu s'y attendre était impossible. La nouvelle monnaie pouvait être détruite en quelques jours. Il valait infiniment mieux affirmer le maintien du dollar canadien. Dans ces conditions, c'est la Banque du Canada qui aurait à stabiliser le dollar canadien dans les jours qui suivraient le référendum et, le cas échéant, la déclaration unilatérale d'indépendance si les négociations échouaient. Au Québec, la Caisse de dépôt et placement coordonnerait la stabilisation des obligations du gouvernement du Québec et d'Hydro-Québec[17].

Les francophones décideront

Toute la stratégie référendaire a été basée sur cette idée que les négociations avec le Canada, inévitables dans certains cas, souhaitables dans d'autres, ne devraient pas lui donner la possibilité, en refusant son autorisation, d'empêcher la souveraineté de se faire, si tant est que les gens en avaient décidé. Il fallait éviter à tout prix de dépendre d'une bonne volonté dont on savait bien qu'elle n'existerait que si on ne dépendait pas d'elle. Les négociations n'aboutiraient que s'il était clair qu'un échec n'empêcherait pas d'aboutir.

Il fallait aussi éviter ce qui, à l'égard des minorités, pourrait apparaître comme de la mesquinerie, à plus forte raison comme une sorte de vengeance sur l'histoire. J'ai toujours pensé que c'est sur les francophones qu'il faut s'appuyer pour réaliser l'indépendance du Québec et je continue de le croire. Je n'entends pas par francophone le Canadien français de souche, mais tous ceux qui vivent en français, quelle que soit leur

---

17. C'est ce qui sera appelé plus tard le « plan O ».

origine. Cela ne veut pas dire que les autres Québécois sont des adversaires, mais que la campagne menée pendant des années contre la souveraineté du Québec, appuyée notamment par des Congrès juif, grec et italien, introduisait dans le débat politique une dimension ethnique qui a empoisonné l'atmosphère. Alors que, pendant des années, l'Université McGill imposa des quotas aux étudiants juifs, que le conseil d'administration de cette université, des banques à charte et des clubs anglophones furent fermés aux Juifs, deux ou trois lignes du chanoine Lionel Groulx établirent une fois pour toutes que lui et, à travers lui, les Québécois, étaient antisémites. En oubliant bien sûr que le premier député juif élu dans l'Empire britannique le fut à Trois-Rivières.

Il y a cependant eu, à l'occasion de ces débats, de bons moments. Le témoignage de l'Association des anciens combattants polonais de la Deuxième Guerre mondiale devant la Commission Bélanger-Campeau affirmant que les Québécois n'avaient pas le droit d'avoir un pays à eux, reste un des moments les plus réjouissants de ma vie politique. À un certain âge, on s'imagine qu'on a tout vu et tout entendu. C'est faux. Il n'y a pas de limite au culot.

Il restait, cependant, deux questions qu'il fallait clarifier : le statut des anglophones dans un Québec souverain et la question des autochtones. Advenant que l'Assemblée nationale ait, à la suite des négociations infructueuses, à déclarer unilatéralement la souveraineté du Québec, il faudrait rassurer l'opinion internationale sur ces deux questions. Or, nous étions assez bien placés pour réussir l'opération.

Il était connu assez généralement que la minorité anglaise au Québec était, depuis toujours, l'une des mieux traitées et qu'elle jouissait de protection constitutionnelle. Sans doute ses pouvoirs économiques et politiques s'étaient-ils effrités à la suite de la Révolution tranquille. Sans doute aussi la loi 101 avait-elle posé les jalons d'une société fonctionnant en français, même si la

Cour suprême lui avait enlevé une partie de son mordant. En tout cas, alors qu'on se rapprochait du référendum, il fallait être clair quant aux intentions du gouvernement d'un Québec souverain. Un livre blanc va donc être publié, qui rejoint toutes les demandes de la communauté anglophone, sauf celle qui assurerait la pérennité des écoles anglaises grâce au recrutement d'une partie de leurs élèves dans l'immigration. En tout cas, le document était tout à fait présentable dans n'importe quel forum international.

En outre, comme il était évident que le plus grand nombre des anglophones voudraient demeurer Canadiens, il fut clairement établi que, d'une part, tous les citoyens canadiens qui résidaient au Québec recevraient automatiquement la citoyenneté québécoise et que, d'autre part, le Québec reconnaîtrait la double citoyenneté. Si donc un citoyen québécois voulait demeurer citoyen canadien, il s'adresserait à Ottawa à cet effet. On refilait ainsi la patate chaude à Ottawa, mais, sur le plan international, l'image était parfaite.

Négociations avec les Autochtones

La question autochtone était beaucoup plus délicate. En 1975, sous le gouvernement Bourassa, une entente dite de la Baie-James avait été signée avec les Inuits, les Cris et les Naskapis. Elle était d'une portée historique en ce sens qu'elle déterminait le cadre des droits autochtones à l'égard du développement d'un immense territoire s'étendant de l'Abitibi à l'Ungava. Dans ce même traité, les Autochtones renonçaient à leurs réclamations territoriales[18]. L'entente fut confirmée par une loi fédérale et une loi du Québec.

L'arrivée du Parti québécois au pouvoir l'année suivante transforma une sorte de contrat de développement économique en document d'une portée politique délicate. René Lévesque aborda l'ensemble de la question autochtone sur des bases tout à fait nouvelles.

---

18. En vertu de l'article 2.1 de la Convention de la Baie-James et du Nord québécois.

En reconnaissant 11 nations autochtones distinctes et en définissant les conditions de la création de gouvernements autochtones, en 1983 et 1985, René Lévesque avait défini le cadre des négociations; négociations difficiles, ardues et complexes. On ne refait pas l'histoire en quelques années, quels que soient les trésors de bonne volonté que l'on est disposé à répandre.

En devenant premier ministre, j'avais gardé le Secrétariat aux affaires autochtones tant la question me paraissait importante. Parmi toutes les négociations qui étaient en cours, l'une semblait près d'aboutir : celle qui concernait les Innus. Selon la loi fédérale sur les Indiens, il y a neuf Premières nations innues. En vertu de la loi québécoise, il n'y a qu'une nation qui les regroupe. On y avait ajouté les Attikameks. L'entente était à portée de main, mais on approchait du référendum. Les Innus décidèrent de tout suspendre en attendant le résultat. Comme on le sait, les négociations ne reprirent que quelques années plus tard, avec seulement quatre des Premières nations. La nation innue ayant éclaté dans l'intervalle, de nouvelles négociations traînèrent pendant des années. Il faut être patient.

Le débat avec la nation crie était susceptible de créer de sérieux problèmes pour le Québec, sur le plan international. Il s'agissait de la mise en valeur de la Grande rivière de la Baleine. Les Cris dénonçaient un projet qui allait noyer de grandes étendues de territoires sur lesquels ils soutenaient avoir des droits. En outre, ils réclamaient, en vertu de l'entente de la Baie-James, des indemnités dont le montant croissait à chaque modification des plans d'Hydro-Québec. Avec l'aide du ministère canadien des Affaires extérieures, les Cris présentèrent leur cause dans plusieurs villes des États-Unis et d'Europe. Dans certaines universités des États-Unis, ils commencèrent une campagne de boycottage des emprunts d'Hydro-Québec qui eut un certain succès. L'image était mauvaise alors qu'il m'apparaissait de plus en plus évident que l'on pouvait se passer sans problème du projet de Grande Baleine. Je donnai donc l'ordre d'annuler le projet. Tout rentra dans l'ordre. Il est remarquable que, 14 ans plus tard, aucun des gouvernements qui se sont succédé n'ait repris le projet, alors que bien d'autres projets hydroélectriques ont été réalisés ou sont annoncés.

En tout état de cause, le dossier autochtone méritera toujours une attention particulière pour un Québécois qui se veut indépendantiste. L'image internationale de la gestion des affaires autochtones sera un des critères dont on se servira pour juger de l'aptitude du Québec à gérer ses propres affaires.

La reconnaissance internationale

La dimension internationale de la préparation du référendum est évidemment bien plus large que les quelques allusions que nous venons d'en faire. Sur ce plan comme sur les autres que nous avons abordés, il fallait, on l'a vu, faire en sorte que le gouvernement fédéral sache que son refus de collaborer ne nous empêcherait pas de procéder. C'était la seule façon d'aboutir. Ou, advenant que les négociations ne mènent nulle part et que l'Assemblée nationale décrète l'indépendance du Québec, il fallait que cette déclaration soit suivie d'effets : il faudrait, en somme, qu'elle soit reconnue. Logiquement, cela reviendrait aux États-Unis, mais il était hors de question d'y penser. Ce serait déjà assez difficile pour les Américains de faire comprendre à ces Canadiens anglais, qu'ils considèrent comme faisant partie de la famille, qu'on ne pouvait pas sortir le Québec de l'ALENA après un vote démocratique, mais leur demander en plus d'être les premiers à reconnaître le Québec, ce serait, sans doute, leur en demander trop. La stratégie fut donc entièrement centrée sur la reconnaissance par la France. L'opération fut longue et compliquée. Elle commença en fait en 1988 et se poursuivit jusqu'au référendum.

L'appui que Jacques Chirac manifeste à un Québec qui aurait voté majoritairement oui au référendum, lors d'une entrevue avec Larry King à CNN, le lundi 23 octobre 1995, est clair. Le gouvernement canadien, de son côté, fait de fortes pressions à la Maison-Blanche pour que le président des États-Unis manifeste son appui à un Canada uni. La déclaration de Bill Clinton répond à la demande du Canada, mais manifeste une remarquable modération[19]. Nous savions que le gouvernement américain pouvait difficilement laisser la France et quelques-uns des membres de la Francophonie faire apparaître, seuls, sans lui, un nouveau pays dans les Amériques[20].

En somme, si le oui était majoritaire et que, en fonction d'un plan préparé à l'avance, Paris bougeait rapidement, on avait tout ce qu'il fallait pour que des discussions puissent être amorcées correctement avec les Américains.

L'intégrité territoriale: les études

Avant de clore ce chapitre sur la tentative de 1995, il faut décrire les études qui ont été préparées avant le référendum sur les conséquences budgétaires et financières, juridiques et administratives de l'indépendance du Québec.

On a vu que, en prévision du référendum de 1980, des études avaient été préparées, peu nombreuses, et dont certaines seulement avaient été suffisamment fouillées. La période qui commence avec la Commission Bélanger-Campeau (1990) va au contraire être marquée par une foule d'analyses[21]. Il y aura d'abord celles du secrétariat de la Commission, puis celles de la Commission parlementaire, créée en vertu de la loi 150 et chargée d'examiner les conséquences de la souveraineté, et enfin, en 1994-1995, les études dites Le Hir chargées non seulement d'examiner à nouveau les conséquences de la souveraineté

---

19. Voir le texte complet dans James Blanchard, *Behind the Embassy Doors, op. cit.,* p. 248: «... This vote is a Canadian internal issue for the Canadian people to decide. And I would not presume to intervene with that... ». Les déclarations de Jacques Chirac et de Bill Clinton sont transcrites en annexe, page 251.

20. Pour une présentation plus détaillée de cette question, voir Jacques Parizeau, *Pour un Québec souverain*, Montréal, VLB Éditeur, 1997, p. 283-289.

21. Cette commission est créée après l'échec de l'entente du Lac Meech. Voir chapitre V.

mais d'examiner la réorganisation de l'État après la déclaration d'indépendance.

De cette masse d'études, certaines ont joué un rôle notoire. C'est ainsi, par exemple, que l'élaboration du budget d'un Québec indépendant et des règles de partage de l'actif et des passifs établies par le secrétariat de la Commission Bélanger-Campeau va servir de base à bien d'autres études subséquentes et, en particulier, à celles de Claude Lamonde[22] en 1995 qui restent, à ce jour, ce qu'on a fait de mieux à ce sujet[23].

Les études qui furent faites pour la Commission parlementaire furent pour la plupart présentées sans qu'elles aient été sollicitées. Le secrétariat publia une juxtaposition de toutes ces études. Un grand nombre voulait démontrer que l'indépendance menait à l'apocalypse. Mais, parmi les études qui furent sollicitées par le secrétariat, une a eu et continue d'avoir une remarquable importance. Elle est intitulée *L'intégrité territoriale du Québec dans l'hypothèse de l'accession à la souveraineté*[24]. Il s'agit évidemment d'une considération essentielle. Voici quel était le mandat de la Commission internationale créée pour examiner cette question :

> Dans l'hypothèse de l'accession du Québec à la souveraineté, les frontières du Québec souverain seraient-elles les frontières actuelles, qui comprendraient les territoires attribués au Québec par les lois fédérales de 1898 et de 1912, ou celles de la province de Québec au moment de la formation de la fédération canadienne en 1867 ?

---

22. Commission d'étude des questions afférentes à l'accession du Québec à la souveraineté ; Claude Lamonde, *Les enjeux et la problématique du partage des actifs dans le cadre du partage de la dette advenant la souveraineté*, vol. 4, p. 757-780.

23. Voir aussi le chapitre VII, page 126.

24. Thomas M. Franck, Rosalyn Higgins, Alain Pellet, Malcom N. Shaw, Christian Tomuschat, *L'intégrité territoriale du Québec dans l'hypothèse de l'accession à la souveraineté*, dans *Exposés et études volume 1, Les attributs d'un Québec souverain*, Commission d'étude des questions afférentes à l'accession du Québec à la souveraineté, Assemblée nationale du Québec, mars 1992.

Dans l'hypothèse de l'accession du Québec à la souveraineté, le droit international ferait-il valoir le principe de l'intégrité territoriale (ou *uti possidetis*) sur les revendications visant à démembrer le territoire du Québec, plus particulièrement:

- les revendications des Autochtones du Québec qui invoquent le droit à l'autodétermination des peuples au sens du droit international;
- les revendications de la minorité anglophone, notamment en ce qui concerne les régions du Québec où cette minorité est concentrée;
- les revendications des personnes résidant dans certaines régions frontalières du Québec, quelle que soit l'origine ethnique de ces personnes?

Il s'agissait, en bref, de statuer sur une phrase — fort appréciée des fédéralistes — du premier ministre du Canada, Pierre Elliott Trudeau: « Si le Canada peut péter, le Québec peut péter aussi. »

Pour juger de la question, un comité fut constitué des juristes suivants: Thomas M. Franck, Becker Professor, School of Law, Director, Center of International Studies, New York University; Rosalyn Higgins, Q.C., Professor, London School of Economics, membre du Comité des droits de l'homme; Alain Pellet, professeur agrégé de droit public à l'Université de Paris X-Nanterre et à l'Institut d'études politiques de Paris, membre de la Commission du droit international des Nations Unies; Malcom N. Shaw, Professor, Faculty of Law, University of Leicester; et Christian Tomuschat, professeur, Institut für Volkerrecht, Université de Bonn, président de la Commission du droit international des Nations Unies.

La conclusion unanime de l'avis juridique rendu est tout à fait claire: les frontières d'un Québec souverain seraient celles du Québec actuel.

Tout au cours de 1995, des études systématiques d'ordre budgétaire et financier furent faites, on l'a dit, non seulement pour mettre au point les règles de partage des dettes et des actifs du gouvernement fédéral, du partage des revenus et dépenses et de l'impact de la suppression des chevauchements de programmes, mais aussi de l'organisation administrative du nouvel État, y compris la sécurité publique et les forces armées. Le débat continuait, cependant, sur ce que serait la réaction américaine à la déclaration de souveraineté : une étude fut commandée pour examiner les principes qui guident le gouvernement américain à l'égard des traités déjà signés lorsqu'un pays se fractionne. Cette étude fut demandée au bureau juridique de Rogers and Wells, à Washington, Rogers étant le nom d'un ancien secrétaire d'État. La conclusion de l'étude était, dans ce cas aussi, très claire. Les États-Unis respecteraient, à l'égard des parties, les engagements qui avaient été pris à l'égard du tout. Si des changements devaient être apportés, les préavis et le processus normaux pour la renégociation des traités seraient suivis. Il n'y aurait pas de rupture.

En guise de conclusion

En somme, et en conclusion, par la stratégie suivie en 1995, on cherchait d'abord à rassurer les Québécois quant au caractère réaliste de la voie qui leur était suggérée et, d'autre part, à leur laisser le contrôle de la décision. De cette façon, on devait être en mesure de satisfaire les craintes qui, en 1980, avaient si nettement décidé du résultat. L'efficacité de cette stratégie fut remarquable chez les francophones : 61 % d'entre eux votèrent oui et, sur l'île de Montréal, 68 % des francophones appuyèrent cette aspiration à construire un pays. Le taux de participation fut, à proprement parler, extraordinaire : 94 % des citoyens se présentèrent aux urnes. Mais c'est le non qui l'emporta. Au fur et à mesure que passèrent les années, on se rendit compte du caractère frauduleux du résultat. Ce que Robin Philpot a analysé et révélé à ce sujet dans son livre *Le référendum volé*[25], je ne peux le commenter : je suis trop directement concerné. Je ne peux qu'y référer le lecteur... Les Québécois se sont fait enlever une remarquable occasion d'avoir un pays.

Je quittai mon poste de premier ministre au début de 1996 et fus remplacé par Lucien Bouchard, qui avait joué un rôle capital dans la campagne référendaire et jouissait d'une immense popularité. Le Québec va alors aborder une longue période dominée par l'atteinte du déficit zéro. Petit à petit, l'objectif de la souveraineté va s'estomper, comme ça avait été le cas après 1980. La seconde tentative de réaliser la souveraineté était terminée.

---

25. *Le référendum volé*, Montréal, Les Intouchables, 2005. Le lecteur pourrait aussi lire le récit référendaire de l'ancien ministre Brian Tobin, *All in Good Time*, Toronto, Penguin Group Canada, 2003, p. 139-154.

CHAPITRE III

La mondialisation
et la protection du citoyen

La troisième tentative de faire du Québec un pays va être dominée par l'extension et l'approfondissement de la mondialisation. À première vue, on pourrait croire que le rôle des États s'en trouvera atténué. On soutiendra une fois de plus, à partir d'une nouvelle argumentation mais avec toujours le même objectif, qu'il faut bloquer l'accession à l'indépendance des quelques nations qui n'en disposent pas encore. Une fois de plus, on plaidera qu'il est trop tard, que le rouleau compresseur de la mondialisation ne laisse plus guère de place aux États, ou plutôt à des États trop petits, trop faibles ou trop pauvres pour jouer dans la cour des grands.

Je pense qu'au contraire, la mondialisation rend plus nécessaire que jamais le rôle traditionnel de l'État-nation. Face aux menaces, aux abus, aux dérives que, au-delà d'indiscutables avantages, la mondialisation entraîne, le citoyen ne dispose vraiment que d'un seul protecteur : l'État. Et il ne peut influencer ce protecteur, l'orienter en fonction de ses intérêts que si cet État est démocratique. Aussi petit que soit l'État, on ne peut lui enlever le droit de faire des lois et de s'administrer. On peut corrompre son gouvernement, le faire chanter, faire peur à ses citoyens, mais on ne peut lui enlever le pouvoir de légiférer. Entre l'individu seul avec son ordinateur et l'accès, littéralement, à l'univers tout entier, il faut qu'il y ait quelque chose : un intermédiaire, une identité, un encadrement, un sens d'appartenance, c'est-à-dire la tribu, le peuple ou la nation, et une autorité civile qui le chapeaute.

Bien sûr, le rôle de l'État dans le nouveau monde qui apparaît est de plus en plus différent de celui dont nous avions l'habitude. Cela prend du temps pour s'y retrouver. Pour être tout à fait concret, il n'est évident ni pour le politicien ni pour le citoyen de comprendre qu'aujourd'hui, le prix du lait ou des œufs au Québec n'est déterminé ni à Québec ni à Ottawa, mais à Genève, et qu'un gouvernement des Québécois va devoir, tôt ou tard, s'il veut protéger ses agriculteurs, être à Genève.

Il y aura une troisième tentative d'atteindre l'indépendance du Québec. On n'en connaît pas encore la stratégie ni les modalités. Les années qui ont suivi l'échec de 1995 ont été marquées par tellement d'hésitations, de diversions, de débats internes, que l'on a éprouvé beaucoup de difficultés à s'adapter aux changements qui se manifestaient brutalement dans le vaste monde. J'aurai l'occasion, dans un autre chapitre, de chercher à esquisser l'évolution politique de la mouvance souverainiste des dernières années et des alternatives d'ordre stratégique qui peuvent être envisagées aujourd'hui. Mon propos, ici, sera tout autre. Je veux tenter de présenter le nouvel encadrement que la mondialisation implique pour les pouvoirs des gouvernements, essayer de démontrer ce que j'ai simplement affirmé au début de ce chapitre, c'est-à-dire que la mondialisation non seulement ne dilue pas la souveraineté des États, mais la rend plus nécessaire.

Le nouveau monde des communications

Encore faut-il savoir de quoi on parle. La mondialisation est devenue une sorte d'auberge espagnole que chacun définit un peu à sa façon. À mon sens, on peut ramener à deux les composantes de la mondialisation : les communications et le libre-échange.

On n'a pas à s'attarder bien longtemps sur les effets qu'ont eus l'instantanéité et l'universalité de la diffusion des renseignements et de la connaissance grâce aux nouvelles technologies de l'information. On comprend qu'il s'agit d'une nouvelle révolution industrielle et que, sur le plan de la vie des individus, rien d'aussi important ne s'était produit depuis l'invention de l'imprimerie au XVe siècle. Cela est bien connu et bien compris, encore que l'on reste ébahi devant une révolution qui doit tellement au jeu et à la jeunesse.

On ne se rend pas toujours compte que ces nouvelles technologies de l'information ont permis une explosion dans la création et la multiplication des formes de moyens de paiement et de crédits. Jointes à la transmission instantanée et théoriquement sans limites, ces explosions de liquidité permettent des spéculations qui autorisent quelques entreprises, voire un seul individu, à mettre en péril le cours d'une monnaie. Le cas de Long Term Capital Management qui, à partir des modèles mathématiques, a forcé la dévaluation de plusieurs monnaies asiatiques en 1997, ce qui a provoqué de très sérieuses crises du crédit commercial, est remarquable à cet égard. Les opérations de LTCM (de 1994 à 1998 environ) ont mal tourné : en 1998, face à une faillite imminente qui aurait pu provoquer une vente « de feu » de 90 milliards de titres sur les marchés financiers, les plus grandes banques du monde ont secouru les actionnaires imprudents. Quant aux 2 millions de chômeurs créés par cette crise, l'histoire n'a pas retenu ce qu'il leur est arrivé.

La révolution du libre-échange

La leçon n'a pas servi. À la fin de 2008, la liquidation de plusieurs milliers de milliards de dollars de produits dérivés par des *hedge funds,* pour la plupart inscrits dans des paradis fiscaux et qu'aucune autorité ne contrôlait, va venir accentuer la crise financière qui a commencé aux États-Unis et contribue à l'étendre à travers le monde, puis à engendrer une récession généralisée. On peut, bien sûr, trouver une foule d'effets mondialisés des nouvelles techniques de l'information dont, grâce au ciel, la plupart ne sont pas délétères. En tout cas, c'est pour revenir sur ce qui a été dit au chapitre précédent que j'ai retenu cet exemple. Dans ce cadre d'instantanéité et d'universalité, créer une nouvelle monnaie dans un milieu hostile est impossible, en tout cas dans un pays libre.

Le libre-échange, l'autre base de la mondialisation, a plusieurs facettes. La plus ancienne est celle de la liberté de circulation de produits. La seconde est celle de la liberté de circulation des services. Celle-là est plus complexe. Le mot « services » recouvre bien des choses. De la banque au transport, de l'éducation à la culture, etc. Le libre-échange des capitaux implique qu'ils peuvent circuler sans entraves. Il faut le distinguer de la liberté des investissements, en vertu de laquelle chacun peut investir sans entraves et sans contrôle où il veut, ce qu'il veut, sans autre obligation à l'égard du pays où il s'installe que le respect de l'ordre public et des bonnes mœurs. Cela, on le verra, a de profondes conséquences sur le développement des pays que l'on dit en émergence.

Le libre-échange de la main-d'œuvre se manifeste enfin par l'autorisation donnée à l'étranger de travailler là où il le désire s'il a les compétences requises de la main-d'œuvre du pays où il veut s'installer.

Ces diverses facettes du libre-échange ne sont pas apparues en même temps comme des objectifs valables et réalisables. Ce n'est que tout récemment que, d'étape en étape, on s'est rendu compte que chacune était nécessaire pour que l'on puisse voir apparaître un monde qui soit vraiment — pour reprendre le terme anglais qui définit la mondialisation — globalisé. C'est l'aboutissement d'une longue évolution dont il faut, je pense, retracer les grandes lignes pour comprendre ce qui se passe aujourd'hui.

Retour sur une ruine

La Grande Dépression des années 1930 va avoir, entre autres effets, celui d'augmenter de façon radicale les barrières commerciales (droits de douane et quotas). Cela permettra à chaque pays de protéger ses industries aux dépens de celles des autres. En fait, le pays qui commence ce jeu cherche à exporter son chômage chez les voisins. Les pays qui sont victimes de la manœuvre vont, bien sûr, accroître leurs tarifs en représailles. De proche en proche, les barrières vont s'élever partout. Les exportations, donc les ventes, donc l'emploi, vont baisser partout. On gardera longtemps la hantise de cette espèce de surenchère. La Seconde Guerre mondiale va renforcer encore les barrières au commerce en ajoutant aux tarifs et aux quotas le contrôle des changes. En fait, il est nécessaire de réserver les devises étrangères aux besoins essentiels des belligérants : il faut s'assurer que les importations de matières premières servent aux besoins de la guerre et que l'on dispose des réserves nécessaires pour l'importation des armements que l'on ne fabrique pas soi-même.

En 1945, quand la guerre se termine, l'Europe a complètement épuisé ses réserves d'or et de devises étrangères, c'est-à-dire de dollars américains, et pourtant, il faut reconstruire et convertir les usines d'armements en usines de produits civils. Il n'y a qu'aux États-Unis que l'on peut trouver en abondance ce qu'il faut, mais on ne peut les payer qu'en réduisant brutalement les importations aux besoins absolument essentiels. Deux ans après la fin de la guerre, les récoltes en Europe sont très mauvaises et l'hiver sera exceptionnellement froid. Le cercle vicieux se resserre. Il n'y a toujours qu'aux États-Unis que l'on peut trouver les céréales et le charbon nécessaires. Mais l'Europe, incapable de payer, est en faillite.

Deux gestes vont être posés, tous les deux d'une immense portée. Le premier, c'est le plan Marshall, du nom de celui qui a été le chef d'état-major des armées américaines pendant la guerre et qui a repris du service comme secrétaire d'État du président Truman. Le gouvernement américain offre aux pays européens des dons considérables pour leur permettre de financer la reconstruction. Une seule condition est posée :

le pays récipiendaire doit ouvrir un crédit d'un même montant à ses partenaires européens. Ainsi, le commerce peut reprendre graduellement. C'est simple et d'une remarquable efficacité. L'URSS va interdire aux pays qu'elle occupe en Europe centrale et orientale de participer à l'opération. L'Europe se divise donc en deux. Le rideau de fer est tombé. Il restera en place plus de 40 ans.

Le deuxième geste est d'une portée plus grande encore. La même année (1947), un accord commercial est signé entre 23 pays (essentiellement l'Amérique du Nord et l'Europe de l'Ouest). C'est le GATT dont on a dit quelques mots au chapitre précédent. Cet accord est destiné, avons-nous dit, à réduire — et éventuellement à faire disparaître — les droits de douane et les quotas qui ont tellement réduit le commerce international. Au début, il ne s'agira que des produits, et encore, pas tous. On comprend, par exemple, qu'on est à des années-lumière de pouvoir démanteler l'arsenal du protectionnisme agricole. On commence, en tout cas, ce qu'on appellera des « rondes » de négociations entre les membres, à partir d'une contrainte et d'un instrument. La contrainte, c'est que chaque membre peut réduire ses barrières au commerce mais ne peut les augmenter. L'instrument est simple et va se révéler d'une formidable efficacité : c'est la clause de la nation la plus favorisée (NPF). Cela fonctionne de la façon suivante : supposons que l'Allemagne juge qu'il y a un bon marché au Canada pour ses machines à papier. Mais les droits de douane canadiens sur ce genre de machines sont de 50 %, ce qui est trop élevé pour que les machines allemandes soient vendables au Canada. L'Allemagne va proposer que le tarif canadien baisse de 30 %, moyennant quoi elle consentira à baisser de, disons, 40 % à 20 % son tarif sur la machinerie minière que le Canada cherche à lui vendre depuis longtemps. Disons que les deux pays s'entendent. En vertu de la clause de la NPF, ce que l'Allemagne a consenti au Canada sera automatiquement étendu à tous les membres du GATT, et ce que le Canada a consenti à l'Allemagne sera automatiquement étendu aussi à tous les membres.

La clause de la NPF va se révéler un puissant levier pour graduellement réduire les droits de douane de ronde en ronde de négociations. Sans doute chacune de ces rondes était-elle très laborieuse à cause de la formule initiale de cette espèce de troc de droits. On a trouvé, évidemment, le moyen de simplifier la formule de négociation, mais le principe de base — la clause de la NPF — est resté le même. Si bien qu'entre les membres du « club », le commerce s'en est trouvé de plus en plus facile, de moins en moins coûteux, alors que ceux qui n'étaient pas membres voyaient se creuser l'écart entre les droits de douane qui s'appliquaient à leurs produits et les droits appliqués aux produits provenant de l'intérieur du « club ». Il n'est donc pas étonnant que chacun ait voulu y entrer, ait voulu en faire partie. Il n'est pas étonnant non plus que les membres existants posent des conditions à l'entrée de nouveaux ! Il a fallu des années pour que la Chine soit acceptée. La Russie ne l'est pas encore. En tout cas, aujourd'hui, il y a plus de 150 membres, non plus du GATT mais, depuis 1995, de l'Organisation mondiale du commerce (OMC). Il s'agit là de plus qu'un changement de nom.

L'organisation du monde

L'OMC est l'organisme central de la mondialisation. C'est là qu'on a commencé à en fixer les règles, que les échecs, les reculs et les réalisations se manifestent. Cette organisation, bien plus que l'ONU, est le reflet de l'aptitude à gérer les affaires du monde.

L'OMC est basée sur un principe fondamental : la non-discrimination. C'est, pour chacun des membres, l'objectif. Chacun y entre bardé de protections en tous genres. On attend de lui que, de ronde en ronde, il les abaisse jusqu'à ce qu'éventuellement, elles soient disparues. Deux instruments sont utilisés pour s'assurer de la non-discrimination : la clause de la nation la plus favorisée, évidemment, et celle du traitement national, qui prévoit que l'entreprise étrangère sera traitée de la même façon que l'entreprise nationale. Les méthodes de négociation à 150 ne sont évidemment plus celles que l'on utilisait à 23. La règle qui prévaut est celle du consensus. Une mesure ou un groupe de mesures ne sera mis en vigueur que s'il y a consensus.

Cette clause a une importance majeure. C'est elle qui va protéger les plus petits partenaires contre les puissances commerciales. Elle est, en tout cas, bien préférable, pour un petit pays, à la tâche d'avoir à négocier seul.

Enfin, l'OMC comporte des sanctions. S'il est établi que l'un ou l'autre des membres a violé les règles de l'organisation et que d'autres membres en ont éprouvé des dommages, ces derniers sont autorisés à appliquer des représailles proportionnelles aux dommages subis.

En somme, il s'est établi peu à peu un système de droit commercial international doté des moyens nécessaires pour le faire observer. Il ne faut cependant pas faire d'angélisme. Si tous les membres sont d'accord pour adopter une mesure sauf, disons, le Costa Rica et le Guatemala, la mesure passera. Si tout le monde est d'accord, sauf les États-Unis ou l'Union européenne, la mesure ne passera pas.

La défense des petits pays

De même, un pays peut bien gagner sa cause à l'égard des dommages qu'un autre lui a infligés, il ne recourra peut-être pas au droit de représailles que le règlement de l'OMC lui reconnaît. Ainsi, dans la cause du bois d'œuvre, le Canada a eu beau gagner toutes ses poursuites contre les États-Unis, il n'a pas osé appliquer des représailles et a négocié du mieux qu'il pouvait.

Néanmoins, la protection que de petits pays peuvent tirer de l'OMC est remarquable. L'histoire du coton africain est, à cet égard, exemplaire. Pour quelques pays de l'Afrique subsaharienne, la culture du coton est essentielle. Le Mali, le Burkina

Faso, le Bénin et le Tchad produisent un coton d'excellente qualité mais qui ne se vend pas facilement. En Espagne, en Grèce et surtout aux États-Unis, les cultures du coton sont hautement subventionnées. En novembre 2001, au moment où s'engage la ronde de négociations dite de Doha, les pays africains concernés déposent un rapport, qui leur a été préparé par Oxfam, sur les subventions du coton aux États-Unis. Il appert que le gouvernement américain distribue chaque année à 25 000 producteurs de coton des subventions de 4 milliards de dollars. Il est clair que cela fausse la concurrence, établit une sérieuse discrimination à l'égard du coton africain et est évidemment contraire aux règles de l'OMC. Les pays africains, qui sont parmi les plus pauvres du monde, dépendent de l'aide internationale et n'ont aucune capacité de négocier. Ils demandent que les États-Unis réduisent, voire éliminent, leurs subventions. Les Américains refusent et leur négociateur en chef suggère que les Africains changent de culture. Ces derniers demandent alors l'aide des pays du BRIC (Brésil, Russie, Inde et Chine) qui, devant l'entêtement américain, sabordent pour un temps la ronde de négociations. À l'OMC, le petit n'est pas seul.

Il est important de comprendre cela. On a tellement souvent utilisé, contre l'indépendance du Québec, l'idée que, seul, il s'affaiblirait et se ferait écraser. Il faut souligner les règles qui, aujourd'hui, dominent les échanges internationaux.

Il n'en reste pas moins que le principe de base de l'OMC, son fondement même, c'est-à-dire la non-discrimination, a tendance à limiter l'utilisation par les pays en voie de développement des leviers de la croissance. En période de récession, ce sont la plupart des pays, quel que soit leur niveau de développement, qui sont poussés par leurs opinions publiques à plus ou moins limiter leur libéralisme. Mais — plus important encore — on se rend compte que le principe de la non-discrimination est, dans certains secteurs d'activité, un non-sens.

Échapper à l'OMC

Aussi, en ce qui a trait aux produits et aux services culturels, chaque État qui veut avoir une politique culturelle se trouve automatiquement en contradiction avec les règles de l'OMC. L'aide aux artistes, par exemple, est inévitablement discriminatoire. L'aide que l'on accorde s'adresse aux artistes, aux troupes, aux organismes nationaux et non aux étrangers. La règle du traitement national n'a ici aucun sens.

Un pays ne peut viser à avoir une politique culturelle nationale qu'en recourant à un protectionnisme explicite (par exemple, les quotas de musique nationale à la radio ou de films produits au pays dans la programmation de la télévision ou des cinémas) et à des incitatifs financiers (crédits d'impôt et subventions à la publication de livres, par exemple).

On ne pouvait demander à l'OMC d'établir les règles applicables aux échanges culturels qui découlaient de politiques incompatibles avec ses propres principes. On s'adressa donc à l'Organisation des Nations Unies pour l'éducation, la science et la culture (UNESCO). L'idée d'une charte de la diversité culturelle était apparue dans la Francophonie. Elle reçut des appuis de plus en plus nombreux en Amérique latine et en Europe latine. L'adhésion de l'Allemagne fut un point tournant. Les États-Unis, qui s'étaient retiré de l'UNESCO il y a 23 ans, décidèrent alors d'y revenir. Leurs intérêts culturels étaient à risque. Il ne faut pas oublier que films et vidéos sont une des principales exportations de ce pays. Le gouvernement américain allait chercher à atténuer la portée de certaines dispositions et, au moment où ces lignes sont écrites, les États-Unis n'ont pas encore ratifié l'accord. Quoi qu'il en soit, il est clair que la « juridiction » de l'OMC sur la culture n'a plus beaucoup de signification.

Le Québec est dans une situation paradoxale. Avec la France, il est responsable de la mise au point de l'accord sur la diversité culturelle et donc de la responsabilité de l'État à l'égard de la langue. Mais l'État, c'est le Canada, et c'est donc lui qui, en vertu du nouvel accord international, est responsable de la défense et de l'épanouissement de la langue française au Canada. Inutile de dire que ce dernier a accepté ce mandat avec enthousiasme. Il a même offert, à titre de prix de consolation au Québec, un siège à l'UNESCO, dont on a convenu par la suite qu'il n'en était pas un puisque Québec est une province.

La reconnaissance que la culture pouvait échapper à l'OMC est un formidable précédent. Bancal, sans doute, imparfait, sûrement, mais sans précédent tout de même. On commence à comprendre la distinction qu'il y a entre des produits et des services qui font l'objet d'un commerce et qui relèvent donc de l'OMC, et d'autres qui ne sont pas, par leur nature, des objets ou des services de commerce, et donc lui échappent. Cela ne veut pas dire qu'aucune règle internationale ne s'applique à eux, mais que ce ne peut être celles qui président aux échanges commerciaux habituels.

Ainsi, par exemple, l'éducation. De plus en plus d'universités essaiment à travers le monde. Ce sont souvent des universités américaines, mais certains pays d'Europe commencent à suivre le mouvement. Bien sûr, bon nombre des pays où ces universités s'installent sont tout à fait disposés à les accueillir et leur assurent une aide financière. D'autres tolèrent, mais ne financent d'aucune façon… Il est cependant clair qu'on ne peut, au nom du principe de la non-discrimination et en vertu de la clause du traitement national, forcer des pays à accorder le même système d'aide financière que celui qui s'applique aux universités « indigènes ». Dans un autre ordre d'idées, la reconnaissance des diplômes qui proviennent de l'enseignement sur Internet commence à poser des problèmes que les dispositions actuelles ne peuvent résoudre.

Les services de santé présentent un problème particulier. Des entreprises multinationales fournissent maintenant des services à domicile et ouvrent des cliniques. Seront-elles considérées au même titre que les multinationales qui offrent des produits et services dans d'autres secteurs? Devra-t-on leur appliquer la clause du traitement national? Mais le problème majeur à l'égard du secteur de la santé, c'est la question des brevets. L'OMC avait prévu que, le 1er janvier 2005, tous les pays membres feraient observer les brevets enregistrés chez l'un ou l'autre des membres sur leur territoire respectif. La plupart des brevets sont enregistrés dans une poignée de pays membres. L'OMC, en étendant ainsi une sorte de pouvoir de monopole, condamnait la recherche dans des pays qui commençaient à s'y engager et, dans le cas des médicaments, plaçait les pays pauvres dans une situation impossible, alors que certains pays émergents, le Brésil et l'Inde en particulier, pouvaient leur fournir des médicaments génériques à faible coût. Je ne vais pas décrire chacun des épisodes de cette saga. Au bout du compte, les multinationales pharmaceutiques renoncèrent à imposer leur brevet sur un certain nombre de médicaments applicables au sida, à la malaria et à la tuberculose, pour l'ensemble du tiers-monde. Une fois de plus, on se rendait compte qu'il y avait des limites à l'application universelle des règles de l'OMC.

L'eau va présenter de sérieuses difficultés. Est-ce un bien commercialisable? Qu'elle soit commercialisée à certains endroits, c'est évident. Que l'entreprise qui contrôle l'eau d'un lieu défini ait la fâcheuse tendance à la vendre à des prix de monopole, c'est évident aussi. Que les émeutes de l'eau contre Bechtel, en Bolivie, aient fait des morts, c'est vrai. Mais doit-on laisser à l'OMC le soin de déterminer les règles d'accès à l'eau?

Prenons l'exemple, en Amérique du Nord, de la baie James. Il existe depuis longtemps un projet qui consiste à fermer par un barrage l'étranglement du passage de la baie James et de la baie d'Hudson. L'accumulation de l'eau provenant des rivières du Québec, de l'Ontario et du Manitoba qui se jettent dans la baie James la transformerait graduellement en mer d'eau douce. Un canal conduirait cette eau vers le lac Supérieur, d'où elle serait dirigée vers le Middle West américain, où les nappes phréatiques ont beaucoup baissé et où la pénurie d'eau est endémique.

Science-fiction? Un chapitre d'un livre écrit par un premier ministre du Québec, Robert Bourassa, décrit ce projet de façon assez précise[26]. Si l'eau est un bien commercialisable assujetti aux règles de l'OMC et, dès lors, assujetti aussi à l'ALENA, il serait parfaitement illégal pour le Québec de maintenir son embargo sur les exportations d'eau en vrac.

En somme, on se rend compte que de plus en plus de décisions qui concernent la vie de tous les jours des citoyens se prennent au niveau international et que le mouvement n'est pas près de s'arrêter. Bien sûr, à l'occasion d'une récession comme celle que l'on connaît actuellement, il y a danger que la tentation protectionniste se manifeste. En tout cas, ce n'est pas au cours d'une telle période que de grandes offensives libre-échangistes vont se produire.

Il faut dire aussi que l'on est bien loin d'avoir une idée claire des limites de l'application du libre-échange. À partir de quel moment remet-on en cause la capacité d'un pays d'influencer le rythme et l'orientation de sa croissance? L'épisode, en 1998, de l'Accord multilatéral de l'investissement (AMI) est fort intéressant à cet égard.

On a indiqué, au début de ce chapitre, à quel point, après la guerre de 1939-1945, les contrôles des changes gênent — bloquent même — les échanges internationaux. Pour l'essentiel, dans le monde occidental, la liberté des échanges est rétablie à la fin des années 1950. Ce qui reste, dans le Bloc soviétique par exemple, va sauter au début des années 1990. Tout cela est maintenant considéré comme appartenant à un passé qu'on ne regrette pas. Les capitaux circulent en toute liberté.

---

26. Robert Bourassa, *L'énergie du Nord: la force du Québec*, Montréal, Québec Amérique, 1985.

L'entreprise contre l'État

L'idée va graduellement se répandre que, si les mouvements de capitaux sont libres, l'investissement de ces capitaux devrait ainsi être libre. L'extension du capital à l'investissement est abusive. La liberté de déplacer des capitaux n'est que cela : faire en sorte que l'argent, quelle que soit la forme qu'il prenne, puisse passer sans entraves d'un pays à l'autre. C'est une des caractéristiques essentielles de la mondialisation. La liberté d'investissement, c'est tout à fait autre chose. C'est la possibilité pour une société étrangère de s'installer dans un pays sans que le gouvernement de ce pays ne lui impose quelque obligation que ce soit, autre que celles qui décident de l'ordre public et des bonnes mœurs. Le président de la société helvético-suédoise ABB, qui fabrique de l'outillage lourd électrique un peu partout dans le monde, a remarquablement bien décrit ce que représente, pour une multinationale comme la sienne, la mondialisation (qu'il appelle du terme anglais *globalisation*) : « Je définirais la globalisation comme la liberté pour mon groupe d'investir où il veut, le temps qu'il veut, pour produire ce qu'il veut, en s'approvisionnant et en vendant où il veut, et en ayant à supporter le moins de contraintes possible en matière de droit du travail et de conventions sociales[27]. »

Il est évident que, pour des multinationales qui sont installées dans des dizaines de pays et dont les filiales négocient les unes avec les autres (au point, d'ailleurs, de représenter presque la moitié du commerce international total), la situation que décrit le président d'ABB est idéale. Pour les pays qui reçoivent ces investissements, renoncer à toute influence sur les entreprises étrangères qui s'installent sur leur sol peut être un frein à leur développement national. En tout cas, il faut avoir une confiance pas banale dans l'efficacité de la « main invisible » pour entrer dans ce jeu-là.

---

27. Cité dans Jacques Parizeau, *L'AMI menace-t-il la souveraineté des États ?*, L'Action nationale, janvier 1999, p. 38-54..

Une tentative de réaliser l'opération a néanmoins été faite. Les pays de l'Organisation de coopération et de développement économiques (OCDE), c'est-à-dire les pays les plus industrialisés du monde, commencèrent, en 1997, à négocier, sans que le public fût mis au courant, un « Accord multilatéral sur l'investissement » qui semblait s'inspirer de la déclaration dont je viens de faire état. On tenait pour acquis que, si on pouvait s'entendre entre pays développés, on pourrait sans trop de difficulté imposer l'entente aux pays en voie de développement, c'est-à-dire ceux qui avaient le plus à perdre, mais qui étaient le moins capables de résister à l'alliance de l'Amérique du Nord et de l'Europe. Il fallait, pour qu'un tel accord puisse fonctionner, qu'il y ait un arbitre des pratiques que des gouvernements ne manqueraient pas de mettre au point pour modifier la mise en œuvre du traité. L'imagination des États n'est peut-être pas aussi fertile que celle des sociétés qui opèrent dans des dizaines de pays, mais elle peut s'appuyer sur la loi. Les conjurés — parce que c'est dans une atmosphère de conjuration que le traité fut négocié — s'entendirent pour mettre au point un tribunal d'arbitrage international dont les gouvernements s'engageaient à l'avance à respecter les décisions. Seules les entreprises pouvaient y avoir recours.

C'était aller beaucoup trop loin. Lorsque, à l'occasion d'une fuite, le projet de traité apparut sur Internet, il provoqua un tollé chez tous ceux qui n'étaient pas encore convertis au néolibéralisme intégriste, mais surtout, il alerta des responsables politiques dont on se rendit compte qu'ils n'avaient été que bien imparfaitement mis au courant par leurs représentants à la table des négociations. Quelques jours avant que ne commence la dernière ronde de négociations, le premier ministre de France déclara à l'Assemblée nationale, en substance, que s'il est normal qu'à notre époque, les pays remettent certains éléments de leur souveraineté à des organismes internationaux, il n'est pas normal qu'ils les remettent à des intérêts privés. Il ordonna à la délégation française de se retirer. Tout l'édifice s'écroula.

L'épisode est intéressant parce qu'il révèle que la progression de la mondialisation n'est pas un long fleuve tranquille et que les États gardent toujours une capacité de résistance. Mais, dans ces domaines, rien n'est jamais complètement réglé... Le projet de Zone de libre-échange des Amériques (ZLEA) comportait des dispositions relatives à l'investissement étranger, inspirées par le Business Council of the Americas (conseiller officiel des négociations) et analogues à celles de l'AMI. Le Brésil a fait échouer le projet de ZLEA. Mais le gouvernement canadien cherche toujours à faire passer ces dispositions dans les accords commerciaux bilatéraux qu'il négocie avec des pays en voie de développement.

Le Québec : une nouvelle tentative

Si la libéralisation totale de l'investissement avait été acceptée soit dans le cadre de l'AMI, soit dans celui de la ZLEA, il est clair que ce que l'on a appelé le modèle québécois ou « Québec inc. » aurait été illégal. Cette combinaison d'intérêts publics et d'intérêts privés présentait pour ces derniers des avantages financiers indiscutables en échange de conditions incompatibles avec la lettre et l'esprit de ces projets de traités. Par exemple, l'implantation de Bell Helicopter à Mirabel, qui impliquait d'énormes montants (240 millions de dollars) pour la formation technique du personnel, l'obligation d'un transfert de technologie et de mandats mondiaux, est tout à fait contraire à la lettre même de l'AMI.

De toutes ces questions, le Québec, province canadienne, est assez peu au courant. Son gouvernement est tenu éloigné de ces questions, qui sont d'une telle complexité qu'on ne peut demander aux médias, ni même aux universités, de les suivre dans tous leurs méandres. En 2002, le gouvernement du Québec créa un observatoire de la mondialisation pour se tenir au courant. Un an plus tard, un nouveau gouvernement libéral abolissait l'observatoire pour des raisons d'économie.

Les traités signés par des gouvernements fédéraux n'engagent pas nécessairement les provinces ou les États constituants lorsque, en vertu de la Constitution fédérale, ils disposent de pouvoirs souverains sur certains secteurs d'activité définis, telles l'éducation, la santé ou les politiques publiques d'achat. Mais plus s'étend le champ des négociations internationales, plus on exige des fédérations que leur signature engage leurs parties constituantes, chacune se débrouillant ensuite pour faire accepter à leurs provinces, à leurs États ou à leurs municipalités le résultat des ententes, habituellement par le truchement d'arrangements financiers. En ce sens, la mondialisation se révèle déjà et va se révéler bien davantage dans l'avenir un puissant moyen de centralisation des fédérations[28].

On pourrait continuer longtemps à décrire l'expansion irrégulière mais soutenue de la mondialisation. C'est ainsi, par exemple, que nous n'avons pas abordé la protection de l'environnement qui est, après tout, le grand thème de notre époque, le seul qui a la possibilité de mobiliser une foule d'individus conscients d'être à l'origine d'une grande révolution et qui exigent de leur gouvernement respectif d'agir dans un cadre nécessairement mondial (Kyoto). Si la voie qui s'est tracée est maintenant bien comprise et que les enjeux sont clairs en Europe, les Américains du Nord restent divisés, confus, fragmentés. Rien n'est plus étonnant que de voir certains États américains adopter des politiques qui sont aux antipodes de celle de leur gouvernement central. Au Canada, les oppositions régionales sont aiguës et irréconciliables : nous y reviendrons dans un autre chapitre.

C'est à dessein que je n'ai pas cherché à introduire la constitution des zones de libre-échange ou des unions douanières ou économiques dans cette discussion sur la mondialisation. On

---

28. Il est remarquable que le Canada proteste auprès du président Obama que le Buy American Act permette aux États et aux villes des États-Unis d'échapper aux obligations de l'ALENA.

a vu au chapitre précédent à quel point la constitution de ces grands marchés était essentielle pour permettre à des pays petits par la population de prospérer et de s'épanouir, pourvu qu'ils surveillent la productivité de leurs entreprises et leur capacité d'innovation. Ce n'est plus par son économie que l'on définit un pays, mais par sa culture, au sens large du terme, et que, dans ces conditions, il ne faut pas se surprendre de voir tous les peuples, toutes les nations, chercher à définir leur propre destin, c'est-à-dire chercher à devenir souverains. Dans ce sens, on a établi au chapitre précédent que le Québec, en cherchant à devenir un pays en 1995, s'inscrivait tout à fait dans le sens de l'histoire. La constitution de grands marchés offre aux peuples, aux nations qui le désirent, la possibilité de devenir indépendants.

Dans le présent chapitre, on fait un pas de plus. La mondialisation s'étend et s'intensifie. Le citoyen n'a aucun moyen de s'y opposer. Ce serait aussi futile que de vouloir s'opposer à la marée montante. Mais la mondialisation emprunte parfois des orientations abusives, a des dérives dangereuses, provoque ici et là de terribles conséquences pour des groupes sociaux. Vers qui se tourne alors le citoyen ? Son État, bien sûr, celui qu'il a élu et à qui il demande aide et protection, comme c'est le cas depuis des siècles. À l'origine, c'est même le seul service que l'individu pouvait obtenir de son prince ou de sa république : aide et protection.

Même si les pays se sont regroupés en union bien intégrée comme l'Union européenne, par exemple, le citoyen continue de s'appuyer sur son pays quand une crise — et je ne parle pas ici seulement des crises économiques — , une alerte ou une pandémie se produit.

Dans ce sens, plus la mondialisation s'intensifiera, plus la souveraineté des États sera nécessaire. Plus les pouvoirs des États seront nombreux à être délégués à des organismes internationaux, plus il faudra que le citoyen sache qu'il reste quelqu'un qui soit responsable de son bien-être et de sa protection.

Et ce quelqu'un doit être l'expression d'une culture commune, d'institutions communes — la plupart du temps d'une même langue — et en tout cas d'un vouloir vivre ensemble.

C'est dans ce sens que l'avenir des fédérations est sérieusement compromis. Un pays qui est amené à s'engager sur le plan international à l'égard de questions de plus en plus variées et nombreuses, à participer à des échanges de plus en plus compliqués, finit par ne voir que des inconvénients à une structure politique qui accorde des pouvoirs souverains à des institutions constituantes sur des activités aussi stratégiques que l'éducation, la santé, la culture, certaines catégories d'institutions financières, voire le droit commercial. Déjà, pour des raisons de politiques intérieures, l'État central impose ses priorités à ses parties constituantes par le truchement de subventions, de programmes à frais partagés et d'incitations fiscales. On verra, dans un autre chapitre, comme le système fédéral canadien qui, à une certaine époque, fut l'un des plus décentralisés des pays industriels, s'est graduellement centralisé.

C'est dans ce cadre que va s'insérer la nouvelle tentative de réaliser la souveraineté du Québec. À certains égards, rien n'a changé par rapport aux tentatives antérieures. La souveraineté ou l'indépendance, c'est toujours, pour les Québécois, être responsables d'eux-mêmes. Cela implique qu'ils contrôlent leurs lois, leurs impôts et leurs traités internationaux. Comme tous les autres pays, ils auront à déléguer une bonne partie de ces pouvoirs à des organismes internationaux. Et pourtant, si tant de choses sont les mêmes, une nouvelle perpective s'impose petit à petit. L'ouverture sur le monde n'est pas un souhait, un vœu, une vertu. Elle s'impose, devient inévitable. Être responsable de soi-même, c'est dans le reste du monde qu'on le devient. Rester dans le Canada, c'est cela qui est un repli sur soi-même. C'est renoncer à participer à l'élaboration de son propre destin.

Chapitre IV

Où en est l'idée de la souveraineté ?

Depuis un demi-siècle, l'idée de l'indépendance circule dans la société québécoise. Deux générations, donc, ont discuté de la question. Tous les ans, pour ne pas dire tous les quelques mois, on sonde l'opinion publique pour savoir où en sont les intentions de vote et quel appui reçoivent la souveraineté, le statut particulier, le fédéralisme canadien agrémenté d'adjectifs divers : coopératif, centralisateur, asymétrique, etc. Ces sondages ont une importance assez grande en ce qui a trait aux stratégies de communication et électorales des partis et des gouvernements.

Après toutes ces années, on a vu s'affirmer les virtuoses de la sémantique. On apprend vite, par exemple, quel écart de résultat l'usage de certains mots peut entraîner. Souvent, on l'a vu, les meilleurs résultats sont obtenus à partir de la souveraineté-association. Vient ensuite la souveraineté assortie d'une proposition de partenariat, puis la souveraineté toute nue, puis l'indépendance et, enfin, la séparation. Les écarts varient beaucoup d'une époque à l'autre mais l'ordre du classement est plus stable.

La peur et la gestion

Selon les époques et les groupes, on voit la promotion de la souveraineté comme un danger sur le plan électoral, et on met donc la pédale douce au fur et à mesure qu'on se rapproche d'une élection. Ou bien on pense au contraire que la promotion de cette idée a des avantages mobilisateurs essentiels. Vieux, éternel débat.

Ainsi que je l'ai indiqué dans un chapitre précédent, les craintes, les peurs, l'appréhension attachées à l'objectif d'indépendance qui sont véhiculées d'une génération à l'autre, d'une campagne électorale à la suivante, s'usent ou s'amplifient selon le cas. La peur, tellement répandue à une certaine époque chez les personnes âgées, de perdre leur pension de vieillesse puisque étant distribuée par le gouvernement fédéral, elle disparaîtrait avec lui, fait maintenant sourire. Mais, assez curieusement, l'idée que de préparer un référendum sur la souveraineté empêche d'améliorer le système de santé ou d'éducation est tenace. Le référendum ou la santé, clame-t-on avec subtilité.

Et puis, la société québécoise est préoccupée, comme toutes les sociétés développées, par des problèmes de portée universelle. Comment, par exemple, éviter que l'endettement de la génération des baby-boomers ne place un fardeau insupportable sur les épaules de la génération suivante ? Comment avoir un régime fiscal qui favorise le développement et la croissance sans qu'il ne provoque des inégalités sociales inacceptables ?

On l'a vu, après l'échec de 1995, le gouvernement du Québec atténue l'objectif de la souveraineté et s'engage dans une croisade visant à atteindre l'équilibre budgétaire, le déficit zéro. Cette priorité, qui devient rapidement un dogme, occupe à peu près toute la place du débat public pendant plusieurs années, ouvre la porte à Ottawa et va demeurer un élément capital des politiques du gouvernement suivant, jusqu'à ce que la crise financière et la récession qui l'accompagne modifient radicalement l'horizon et les perspectives à partir de la fin de 2007. Il faut donc se poser la question : après toutes ces années qui ont suivi l'échec du référendum de 1995, au beau milieu d'une crise d'envergure mondiale, qu'est-ce qui reste dans l'opinion publique comme réaction à l'égard de l'objectif de faire du Québec un pays ?

Le sondage du Bloc québécois

Pour tenter de répondre à la question, je me sers d'un sondage entrepris par le Bloc québécois, entre le 11 et le 15 mars 2009, auprès de 1 003 répondants (avec une marge d'erreur de ± 3,1 %). On a pu croiser certains des résultats avec des sondages faits par les sociétés CROP et Angus Reid à peu près à la même époque. Les résultats ne correspondent pas toujours aux impressions répandues chez les commentateurs et, dans ces conditions, les convergences accroissent la crédibilité des données.

Le sondage du Bloc québécois n'en est pas un d'intention de vote. Il s'agit essentiellement de l'expression d'opinions. La première question est celle que j'ai toujours voulu poser ; la plus simple et la plus claire, l'inattaquable : « Souhaitez-vous que le Québec devienne un pays indépendant ? » Le résultat pour l'ensemble de l'échantillon est favorable à hauteur de 49,2 % et défavorable à 50 %. Chez les francophones, la proportion favorable est de 56,3 % et défavorable à 42,9 %.

Jamais dans le passé l'appui à l'indépendance toute nue n'a atteint un niveau pareil. C'est tellement surprenant qu'il faut s'assurer qu'il n'y a pas quelque aberration dans le sondage. Or, à peu près à la même époque, pour des questions à peu près libellées de la même façon, CROP indique 49 % de oui et 51 % de non, après répartition des indécis (comme c'est le cas pour le sondage du Bloc québécois) et Angus Reid indique 40 % de oui et 41 % de non, avant répartition des indécis. Il n'y a donc pas d'aberration.

Comme les grands groupes de médias et le gouvernement fédéral procèdent eux aussi à des sondages, on ne doit donc pas s'étonner du déchaînement des médias aux mois de mai et de juin 2009 au moment où un retour à la souveraineté est déclenché au Parti québécois. Il faut dire que la réponse est surprenante. Mais elle l'est moins quand on suggère des scénarios.

Le premier scénario s'exprime ainsi : « Souhaitez-vous que le Québec devienne un État souverain associé économiquement avec le reste du Canada ? » Au total, 61,4 % des répondants y sont favorables, 36,9 % sont défavorables. Chez les francophones, 66 % sont favorables et 32 % seulement y sont défavorables.

Le statut particulier

Le second scénario s'exprime ainsi : « Souhaitez-vous que le Québec fasse partie du Canada avec un statut particulier ? » Au total, 66,4 % des répondants y sont favorables, dont 67,3 % des francophones, ce qui veut dire que, chez les anglophones et les allophones, la réaction est à peu près la même que chez les francophones[29]. Il s'agit donc de la possibilité partagée à peu près également par les trois groupes.

Sur le plan constitutionnel, il y a longtemps que cette question est réglée. Dans un débat célèbre lors de la conférence fédérale provinciale des premiers ministres entre Pierre Elliott Trudeau, ministre de la Justice, et Daniel Johnson le père, premier ministre du Québec, il apparaît clairement et définitivement qu'on ne pouvait imaginer deux classes de députés à la Chambre des communes : ceux qui étaient habilités à voter toutes les lois, et d'autres représentant le Québec qui, ou bien voteraient des lois qui s'appliquent à tous les Canadiens sauf à leurs électeurs, ou bien devraient s'abstenir de voter certaines lois qui ne s'appliquent pas aux Québécois.

Dans un sens juridique, constitutionnel, un statut particulier pour le Québec est tout à fait contraire à l'égalité des citoyens devant la loi et au fonctionnement normal d'un régime démocratique. La question a donc été réglée en 1967 et n'est jamais revenue sur le tapis. Cela n'a pas empêché d'établir dans les faits un régime particulier pour le Québec. Chaque fois que

---

29. Le francophone est celui qui parle surtout français à la maison, l'anglophone est celui qui parle surtout anglais à la maison, et l'allophone, celui qui parle une autre langue à la maison.

le Québec est autorisé à établir son propre programme, distinct du programme fédéral, que toute autre province est formellement autorisée à faire de même et qu'aucune ne profite de ce qui lui est offert (par exemple, la Régie des rentes du Québec et la Caisse de dépôt et placement), un bout de statut particulier ou distinct apparaît. On peut donc affirmer avec une égale assurance que le statut particulier qui présente un tel attrait pour les Québécois est impensable et irréalisable ou bien qu'il existe depuis longtemps. Il y a longtemps, en effet, que l'on connaît ce penchant de bien des Québécois à vouloir ce que l'humoriste Yvon Deschamps appelait «un Québec indépendant dans un Canada uni». Paradoxe? Illogisme? Pas nécessairement. Pour le fédéraliste convaincu, si la pression souverainiste devient trop forte, le statut particulier est préférable à la dissolution du pays; pour le souverainiste convaincu, s'il n'y a pas moyen d'atteindre l'indépendance, un statut particulier est mieux que rien. Le problème pour les uns comme pour les autres, c'est que l'établissement d'un statut particulier ne dépend pas des Québécois. Il doit être accepté par le Canada en vertu d'une formule d'amendement de la Constitution. Ce qui est impensable, ou plutôt ce qui ne serait pensable que si, après un référendum gagné, le Québec était sur le point de déclarer sa souveraineté. Une fois rendus là, cependant...

Le dernier scénario s'exprime ainsi: «Souhaitez-vous que le Québec fasse partie du Canada sans statut particulier?» Pour l'ensemble du Québec, 42,7 % expriment leur accord et 54,9 %, leur désaccord. Chez les francophones, l'accord tombe à 39 % et le désaccord monte à 58,9 %. Ces résultats sont tout à fait étonnants. Alors qu'il est généralement considéré chez les politiciens ou dans les médias que les Québécois n'ont plus d'intérêt pour les questions constitutionnelles, l'écart entre l'appartenance du Québec au Canada avec ou sans statut particulier est de plus de 24 points et de presque 30 points chez les francophones. Pourtant, la déclaration au *Devoir*, le 4 juin 2009, du nouveau chef du Parti libéral du Canada, M. Ignatieff, reflète l'impression générale que le *statu quo* est perçu comme ne présentant plus aucun problème : « [I]l n'est pas question de donner davantage de pouvoir au Québec au sein de la fédération ou encore de faire des gestes concrets pour donner du relief à la reconnaissance de la nation québécoise par la Chambre des Communes[30]. »

Réaliste, réalisable, se réalisera ?

Le sondage se poursuit avec une série de cinq questions qui cherchent à explorer diverses réactions à l'égard du Canada et de l'avenir du Québec.

1- « Il sera possible un jour de réformer le fédéralisme canadien de façon à satisfaire à la fois le Québec et le reste du Canada. »

	Global	Francophones
Accord	62 %	61,7 %
Désaccord	34,6 %	35,3 %

2- « Le Québec a le droit de se séparer du Canada. »

	Global	Francophones
Accord	60,9 %	68,2 %
Désaccord	37,5 %	30,7 %

3- « Le Québec a les ressources humaines, les ressources naturelles et le capital financier pour devenir un pays souverain. »

	Global	Francophones
Accord	59,9 %	65,4 %
Désaccord	37,8 %	32,7 %

---

30. Hélène Buzetti et Alec Castonguay, « Pas question de donner plus de pouvoir au Québec », *Le Devoir*, le vendredi 5 juin 2009.

4- « Le projet de souveraineté est réalisable. »

	Global	Francophones
Accord	56,6 %	61,4 %
Désaccord	41,9 %	36,9 %

5- « Le projet de souveraineté se réalisera. »

	Global	Francophones
Accord	34,4 %	38 %
Désaccord	61,7 %	57,5 %

La question du référendum de 1995 est posée à nouveau, 14 ans plus tard, alors qu'elle réfère à un projet de loi, à une entente entre trois partis politiques, et donc comporte aujourd'hui un problème de compréhension.

	Global	Francophones
Pour	49,7 %	57 %
Contre	50,3 %	43 %

Au global, le résultat est à peu près celui de 1995, mais un peu plus faible chez les francophones, donc un peu plus élevé chez les anglophones et les allophones.

En somme, les Québécois sont toujours attachés à une vision d'un Canada qui accepterait qu'ils occupent une place à part. Puisque dans les faits cette vision n'est pas satisfaite, ils se sont tournés en grand nombre vers l'indépendance, et sont en majorité convaincus que c'est faisable... Mais comme ils ne sont pas du tout convaincus que cela se réalisera, ils gardent bien vivant le vieux rêve d'un fédéralisme qui, un jour, finirait par comprendre les aspirations québécoises.

Retour en arrière

Même si l'on se sert de la connaissance du passé pour en comprendre la signification, le sondage du Bloc québécois, comme tous les sondages, n'est jamais qu'une photographie d'une situation à un moment donné. Dans le cas de quelques-unes des questions, on a pu remonter quelques années en arrière. Je reproduis ci-dessous le tableau tel qu'il apparaît dans le sondage.

Évolution de quatre estimateurs dans le temps
chez les francophones

	Réforme du fédéralisme	Droit de se séparer	Ressources pour souveraineté	Souveraineté réalisable
Avril 1995	55 %	66 %	62 %	45 %
Oct. 1995	46 %	75 %	68 %	70 %
Oct. 2000	61 %	67 %	63 %	56 %
Mars 2009	62 %	68 %	65 %	61 %

La constatation la plus spectaculaire est évidemment celle de l'évolution des réponses sur le caractère réalisable de la souveraineté. La poussée d'avril à octobre 1995 reflète plusieurs facteurs d'intensification de la campagne qui mène au référendum. C'est ainsi que le travail des commissions régionales sur l'avenir du Québec va entraîner la participation directe, dans les assemblées, de 55 000 personnes, ce qui ne s'était jamais vu jusque-là et ne s'est pas vu depuis. Cela est d'autant plus remarquable qu'aucune des chaînes de télévision n'avait consenti à « couvrir » les réunions. Seuls les postes de télévision communautaires avaient considéré qu'il était dans l'intérêt public de suivre le débat[31].

Au cours des mêmes mois, un grand nombre d'études ont été publiées par le ministère de la Restructuration analysant de façon systématique les divers aspects budgétaires, économiques, administratifs et juridiques de la souveraineté du Québec. Sans doute le débat politique autour de ces études et la maladresse

---

31. Le contraste est grand avec les audiences publiques de la Commission Bouchard-Taylor sur les accommodements raisonnables qui furent fidèlement suivies par Radio-Canada et qui furent considérées comme un succès en réunissant presque 5 000 personnes.

de leur présentation en ont-ils atténué la portée dans le public, mais ils ne semblent pas avoir réduit de façon appréciable l'impression que le gouvernement était prêt à procéder et savait où il allait.

La coordination de l'organisation des trois partis politiques impliqués a aussi joué un grand rôle sur le terrain, localement, mais aussi au centre des opérations, sur le plan stratégique[32].

Ce n'est donc pas faire injure aux efforts des dirigeants que de considérer que, si 45 % des Québécois pensent en avril 1995 que la souveraineté est réalisable et 70 % pensent la même chose en octobre, au beau milieu du long débat qui fait rage au sujet de la souveraineté et face aux frayeurs que de partout on répand, il y a sans doute du vrai dans le vieil adage qui dit que « les idées mènent le monde ». En octobre 2000, cinq ans plus tard, le Parti québécois est toujours au pouvoir ; ses priorités ont changé, son appui à la souveraineté est devenu passif, sa lutte au déficit, fort active. Le déficit zéro impose de telles coupures dans les budgets que le gouvernement fédéral, qui est responsable par ses réductions dans les transferts aux provinces des coupures de services que ces dernières imposent, devient aussi celui vers lequel on est forcé de se tourner pour sauver les meubles.

La sagesse de l'électeur

Dans cette extraordinaire confusion, la réaction du public est — comment dire ? — sage. On est moins certains que la souveraineté soit réalisable ; le niveau d'accord tombe de 70 % à 56 % ; c'est beaucoup plus, cependant, qu'au début de 1995 et va lentement remonter à 61 % en 2009. Tout le travail de discussion, de persuasion, de conviction, ne s'est pas complètement perdu.

Mais, on est beaucoup plus nombreux à espérer, à croire que le fédéralisme est réformable. En octobre 1995, le nombre de ceux qui le croyaient était tombé à 46 %. Mais puisque le

---

32. Le Parti québécois, le Bloc québécois et l'Action Démocratique du Québec.

gouvernement du Québec lui-même compte sur le gouvernement fédéral pour l'aider à maintenir l'essentiel des programmes que son jansénisme budgétaire met en péril, le public a compris. Si le gouvernement cherche le salut dans la réforme du fédéralisme, ou en tout cas dans sa mansuétude, le public, lui, va suivre. La proportion des francophones qui pensent que le fédéralisme canadien est réformable passe à 61 % en octobre 2000 et reste au même niveau (62 %) neuf ans plus tard.

Si bien qu'en mars 2009, 61 % des francophones pensent que la souveraineté est réalisable et 62 %, que le fédéralisme est réformable. Il n'y en a plus que 38 % qui pensent que la souveraineté se réalisera.

On nage en pleine confusion. À première vue, le Québécois de langue française semble ne pas savoir où il veut aller : deux voies s'offrent à lui, aussi tentante l'une que l'autre. Avec la première, rester dans le Canada avec un statut particulier, on se heurte à des obstacles infranchissables chaque fois que le Québec cherche à améliorer sa situation constitutionnelle ou à accroître formellement ses pouvoirs. Sur le plan administratif, après avoir autrefois fait des gains appréciables, les gains, aujourd'hui, se révèlent le plus souvent illusoires (l'histoire du siège à l'UNESCO en est, sans doute, l'exemple le plus frappant.)

L'autre voie, celle de l'indépendance accompagnée du maintien de liens privilégiés avec le Canada, n'est pas crédible pour une majorité de Québécois, même si elle est souhaitable pour le plus grand nombre. On peut trouver bien des explications à cela. La lassitude à l'égard d'un débat qui a duré trop longtemps, le manque d'assurance des dirigeants à Québec pendant plusieurs années, les lacunes d'un discours adapté à l'évolution des choses ne sont que quelques éléments du glissement de la crédibilité du projet.

Le principal danger dans une telle situation, c'est l'acceptation du *statu quo* qui ne satisfait vraiment personne, mais finit par être toléré par tous, sinon apprécié par tous. C'est ce qui se passe, finalement, avec la Constitution de 1982. On l'a vu, elle n'est acceptée par aucun parti politique au Québec, ni hier ni aujourd'hui. Ce refus collectif n'ayant aucun effet pratique, ne gênant donc d'aucune façon le fonctionnement du gouvernement fédéral et ne comportant aucune conséquence juridique et donc aucun recours aux tribunaux, le Québec voit se confirmer dans les faits le seul statut qu'il refuse explicitement : celui d'une province comme les autres.

Il n'y a vraiment qu'un moyen d'éviter cet aboutissement : c'est d'accroître la crédibilité du projet souverainiste et cela n'est possible qu'en rendant le projet plus pertinent, en faisant ressortir les avantages, à la fois sur le plan interne que face à la mondialisation.

Le vote par âge n'est plus ce qu'il était

On terminera ce chapitre en examinant l'évolution de l'appui à la souveraineté par groupe d'âge et l'évolution des groupes d'âge eux-mêmes. Ces données sont importantes pour poser un diagnostic correct sur l'effet de la démographie sur l'évolution des attitudes. Entre 1995 et 2009, les appuis au oui référendaire ont en effet substantiellement varié selon l'âge. Chez les 18-24 ans, l'appui au oui est tombé de 61 % à 55 %. Chez les 25-34 ans, la baisse est négligeable et dans la marge d'erreur, mais chez les 35-44 ans, c'est-à-dire chez ceux qui, en 1995, avaient entre 20 et 30 ans, la baisse est significative, soit de 59 % à 47 %.

Chez les plus âgés, la situation se renverse. De 45 à 54 ans, il y a hausse, mais négligeable, dans la marge d'erreur. Chez les 55-64 ans, la hausse est remarquable de 42 % à 54 % et chez les plus de 65 ans, la hausse est plus modeste de 35 % à 38 %.

En somme, un glissement s'amorce qui change les perspectives d'autant plus que les modifications de la pyramide des âges accentuent l'importance du glissement observé :

Nombre d'électeurs par classe d'âge — 2009 par rapport à 1995

18-24 ans	− 11 000	**45-54 ans**	+393 000
25-34 ans	− 287 000	**55-64 ans**	+292 000
35-44 ans	− 25 000	**+ 65 ans**	+291 000

On peut interpréter toutes ces données de deux façons. En vertu de la première interprétation, on appuie l'idée que la souveraineté du Québec est le projet d'une génération, en gros celle des baby-boomers, et que les jeunes d'aujourd'hui sont plus intéressés par leur réussite personnelle que par un projet collectif. En vertu de la seconde interprétation, on constate que le groupe d'âge où la baisse de l'appui au oui est la plus forte, les 35-44 ans, très fortement impliqué et militant au moment du référendum de 1995, est sorti de la vingtaine, déçu par le résultat et confronté à une action politique dominée, pour ne pas dire obsédée, par les problèmes de gestion comptable. Ils sont tombés de haut, ces jeunes-là. Le retour à l'action politique chez les jeunes d'aujourd'hui et la montée de l'appui à la souveraineté chez les plus âgés de plus en plus nombreux pourraient faire aboutir le projet, si tant est que la stratégie politique s'appuie sur une vision réaliste des changements qui se sont produits.

CHAPITRE V

L'illusion constitutionnelle

J'ai perdu beaucoup de temps autour et alentour de la Constitution canadienne. Bien sûr, les décisions de la Cour suprême doivent être examinées de près puisque l'on est bien forcé, dans un État de droit, d'en suivre les prescriptions. Mais, en définitive, le gouvernement fédéral gagne toujours, ou bien sur le plan juridique ou sur le plan de l'argent. « La Cour suprême est comme la tour de Pise, disait Duplessis, elle penche toujours du même côté. » Ce n'est pas à cause d'un parti pris des juges. La Constitution est ainsi faite. Le gouvernement fédéral peut taxer dans tous les champs. Il a un pouvoir de dépenser illimité. Il peut légiférer au nom de « l'ordre, la paix, et le bon gouvernement ». Et il peut désavouer toute législation d'une province, bien qu'il ne se serve plus de ce pouvoir. C'est inutile. Les provinces ont compris… depuis longtemps. Sans doute, en vertu de l'article 92 de la Constitution, les provinces ont-elles des pouvoirs souverains dans des champs d'activité spécifiques, l'éducation, par exemple. Mais pendant des années, le gouvernement fédéral a payé la moitié des dépenses des écoles techniques ou de l'enseignement postsecondaire. Puis, la recherche a retenu son attention sans référence particulière à ce que les provinces pouvaient souhaiter, puis il a créé des « chaires » (qui doivent obligatoirement être identifiées comme « chaires du Canada »), sans compter les bourses… En pratique, Ottawa fait ce qu'il veut… Et pourtant, pas tout à fait. La question québécoise maintient une sorte de tension permanente. Sans elle, il n'y aurait pas plus de problèmes constitutionnels au Canada qu'il n'y en a aux États-Unis. Des transferts d'argent régleraient la plupart des questions. On ne se rend pas compte à quel point aux États-Unis, certains problèmes sociaux majeurs (le *bussing* par exemple, c'est-à-dire le transfert par autobus d'enfants noirs dans les écoles à majorité blanche et vice-versa) ont pu se régler parce que les subventions aux écoles, dans ces cas-là, sont conditionnelles.

Où est le vrai gouvernement?

En 1964, Jean Lesage a retiré le Québec de 29 programmes conjoints, c'est-à-dire de programmes dont le gouvernement fédéral défrayait la moitié des coûts et décidait bien sûr des dispositions. Plusieurs de ces programmes étaient de compétence provinciale (éducation, santé). Québec obtint un abattement fiscal de 16,5 % du taux de base de l'impôt fédéral plus un transfert financier. Ce retrait et cette compensation étaient disponibles pour toutes les provinces. Aucune autre que le Québec ne s'en est prévalue. L'année suivante, Québec a créé son propre programme de Régie des rentes, a pu établir son propre financement et a créé son propre organisme de placement (la Caisse de dépôt et placement). Les autres provinces purent disposer de la même latitude. Aucune autre ne s'en est prévalue. En 1967, le gouvernement fédéral établit un régime d'assurance-dépôts; le Québec et l'Ontario établirent le leur. Un mois après le démarrage, l'Ontario intégrait le régime fédéral. Vingt ans plus tard, le Québec récupère la formation professionnelle. Toutes les provinces sont admissibles à cette récupération. Seul le Québec s'en prévaut. Dix ans après, on recommence l'opération avec les congés parentaux. Même résultat.

En somme, depuis deux générations, Québec fait cavalier seul, alors que les autres provinces sont tout à fait satisfaites de laisser le gouvernement fédéral prendre l'initiative et définir les nouveaux programmes. Il y a, bien sûr, de temps à autre, des anicroches. C'est ainsi, par exemple, que Québec n'est pas seul à invoquer la Constitution pour éviter que le gouvernement fédéral n'établisse une commission unique des valeurs mobilières. De même, on est encore loin de s'entendre sur le contrôle des richesses naturelles et les engagements à l'égard du contrôle des gaz à effet de serre. Mais on finirait bien par s'entendre s'il n'y avait pas le Québec. Sans doute, il y a des divergences régionales profondes, comme on en trouve dans tant de pays, mais la question n'est pas là. Le gouvernement fédéral est, pour les Canadiens, un vrai gouvernement. La Charte des droits est devenue le symbole véritable d'un vrai pays. Cela n'a pas toujours été le cas. Cela a pris du temps pour que le rural de la Saskatchewan comprenne pourquoi son cousin du Dakota recevait davantage pour son blé et payait son auto moins cher. Et le Terre-Neuvien a cru longtemps qu'il avait eu tort d'entrer dans le Canada. Tout cela est réglé aujourd'hui. Quand un Canadien n'est pas satisfait de son gouvernement libéral, il vote conservateur. Quand un Québécois est déçu d'un parti, et que ce parti est fédéraliste, il est attiré par la souveraineté et vice-versa. C'est ce qui fait que l'on n'arrive pas vraiment à se débarrasser de la question nationale québécoise. Les Canadiens anglais et ceux des immigrants qui les rejoignent savent quel est leur pays, et le jeune qui colle sur son sac à dos une étiquette à feuille d'érable n'a pas de problème identitaire. Il s'affirme tout simplement. Le même qui a collé le fleurdelisé sur son sac n'est pas très sûr de ce qu'il est. Il est clair qu'il veut s'affirmer Québécois. Mais cette affirmation est-elle culturelle, une sorte d'affirmation de ce qui est, ou politique, c'est-à-dire un appui personnel à ce qui sera ? Tout cela est bien difficile à démêler. Il faut d'ailleurs traiter avec un certain respect ce jeune qui ne trouve pas toujours chez les leaders souverainistes la détermination qu'il faudrait.

Le « beau risque »

À titre d'exemple de ce que je viens d'exprimer, nous allons examiner la dramatique tentative des fédéralistes canadiens de ramener dans la mouvance canadienne le courant souverainiste québécois. Il y a de la tragédie grecque dans cet épisode de l'histoire canadienne. Avant de commencer à le décrire, je veux souligner la bonne foi qui a présidé au lancement de l'opération. Elle ne durera pas indéfiniment et le jeu politique finira par reprendre ses droits, mais il est important de comprendre qu'au départ, il y a un effort véritable, franc et honnête de redonner au Québec une place importante dans le Canada et de chercher à « ressouder » le pays.

C'est ce que René Lévesque a appelé le « beau risque ».

Le rapatriement de la Constitution canadienne qui s'est produit en 1982 a laissé des traces profondes chez les souverainistes en général, et chez René Lévesque en particulier. On se rappelle « la nuit des longs couteaux », pendant laquelle les premiers ministres, qui jusqu'alors avaient appuyé la position de René Lévesque, le lâchent et s'entendent avec le gouvernement fédéral (en demandant même l'appui du premier ministre du Manitoba qui, en campagne électorale, avait dû rentrer chez lui et qu'on réveilla en pleine nuit). René Lévesque, qui a passé la nuit dans un hôtel québécois (de l'autre côté de la rivière Outaouais), apprendra au réveil le lendemain matin que l'entente s'est faite dans son dos, que la Constitution sera rapatriée, avec des modifications qui enlevaient à l'Assemblée nationale des pouvoirs dont elle disposait bien avant que le Parlement canadien n'ait été créé. On sait que peu avant, le Québec a perdu son référendum, on sait que l'élection de 1981 a remis le Parti québécois en selle. En même temps éclate une récession sérieuse, brutale. Le Conseil des ministres québécois, sollicité de toutes parts, bouge rapidement pour ce qui a trait à la situation économique (on se souvient encore de Corvée-Habitation ; un programme d'accélération des investissements est mis en place). Que faire de la question constitutionnelle ? Quand reprendre le combat avec Ottawa ?

Au milieu de tous ces bouleversements, M. Mulroney, qui a pris la tête du Parti conservateur, prononce, à Sept-Îles, un discours majeur, où il propose que le Québec réintègre le Canada « dans l'honneur et l'enthousiasme ». Le 19 novembre 1984, René Lévesque répond à l'appel de M. Mulroney. Le « beau risque » est accepté. La souveraineté demeurera « l'ultime police d'assurance » mais, pour le moment, le Québec jouera loyalement dans le camp fédéraliste qui, lui-même, devra s'adapter à une présence substantielle du Québec.

Le Conseil des ministres éclate. Sept ministres et députés démissionnent. Un peu plus tard, M. Lévesque quitte son poste. En repensant à ces événements, je ne cherche pas à tracer une fresque historique. J'ai travaillé pendant 23 ans pour et avec René Lévesque. J'ai toujours pour lui la même admiration, et la même estime. Nous n'avons jamais été des intimes, mais la cause que nous partagions et pour laquelle nous avons travaillé fort et efficacement nous faisait partager le même respect l'un pour l'autre. J'avais accepté qu'il soit mon patron. Quand est venu le moment d'une rupture, je devais partir et lui devait faire ce que son devoir lui dictait. À la fin de cette grande aventure, qui se terminait si mal, nous n'avons pas eu à rougir du comportement des uns des autres. La merveilleuse équipe de René Lévesque se disloquait, certes pas dans l'enthousiasme mais du moins dans l'honneur.

Meech

En 1985, le Parti québécois perdait le pouvoir et Robert Bourassa y revenait. Brian Mulroney est toujours aussi persuadé qu'il faut réintroduire le Québec dans le cadre canadien. Avec les libéraux au pouvoir à Québec, ce devrait être plus facile. Et justement, M. Bourassa qui traîne derrière lui l'échec de la conférence constitutionnelle de Victoria en 1971, au cours de son premier mandat, va, en réponse à l'invitation du premier ministre du Canada, poser cinq conditions pour que le Québec accepte de réintégrer la Constitution canadienne : « Jamais, dira-t-il, le Québec n'a demandé si peu au reste du Canada, posé des conditions plus minimales. » L'une de ces conditions a trait à la spécificité québécoise : la Constitution canadienne reconnaîtrait le Québec comme société distincte. Au Québec, cela semble aller de soi. Pas seulement au nom du sens commun. En 1985, l'Assemblée nationale a reconnu 11 groupes autochtones, comme « nations distinctes ».

Au Canada, c'est une tout autre paire de manches. Quelques idées se transforment petit à petit en valeurs qui définissent la nation canadienne. On l'a dit, la plus importante d'entre elles est la Charte des droits. Dans un pays où le mélange des races et des couleurs est général depuis la fin du XIXe siècle mais où les WASP (*White Anglo-Saxon Protestant*) mènent, la Charte crée une profonde impression et la rigueur avec laquelle les cours de justice vont l'appliquer la rend rapidement très crédible. La deuxième idée qui semble en contradiction avec la première, c'est le multiculturalisme. Il est évident, dans l'Ouest surtout, que les Ukrainiens, les Polonais ou les Chinois, sans oublier les Autochtones, sont bien plus nombreux que les francophones. L'idée des deux peuples fondateurs n'a pas grand sens. Et à Toronto, c'est franchement ridicule. Et pourtant, si on veut éviter l'éclatement du Canada, on ne peut éviter de continuer à faire du Canada un État officiellement bilingue. On a donc fait accepter, avec plus ou moins de difficultés selon les régions, le bilinguisme officiel, institutionnel, essentiellement fédéral, sauf au Nouveau-Brunswick et dans les régions de l'Ontario les plus proches du Québec (y compris Ottawa, évidemment), tout en faisant accepter l'idée fondatrice du multiculturalisme. Ce n'est pas un exercice facile. Un assez grand nombre de Canadiens anglais ont cru que leurs enfants seraient de meilleurs Canadiens si, par des cours d'immersion et l'organisation de contacts avec le Québec, ils acceptaient la règle du bilinguisme et du biculturalisme individuel véritable. Pour d'autres, le bilinguisme officiel était une contrainte que l'histoire imposait comme une sorte de complication inutile.

Sur un plan, tous se retrouvaient : la Charte des droits. Au moins sur ce plan-là, tous les citoyens étaient égaux, quelles que soient leurs origines, leurs racines ou leurs caractéristiques. Et voilà que ces Québécois qui causaient tant de problèmes depuis tant d'années voulaient maintenant qu'on les reconnaisse comme différents, distincts, aujourd'hui comme société, demain peut-être comme individus. Au cours du débat, on voyait les anglophones toujours plus nombreux refuser cet accord du lac Meech. Qu'il ait été adopté à l'unanimité des premiers ministres ne changeait rien à l'affaire. Le premier ministre de Terre-Neuve, dont on percevait les réticences, devenait petit à petit le défenseur attitré des « vrais Canadiens ». À Québec, le premier ministre, qui avait cru que ses demandes étaient on ne peut plus modérées, faisait face tous les jours à un chef de l'opposition qui le suppliait, lui qui avait si peu demandé au départ, de ne pas lâcher quoi que ce soit de « ces demandes les plus minimales que le Québec ait jamais formulées », et le faisait passer graduellement aux yeux du Canada anglais pour un radical[33].

Désespérés, les premiers ministres firent appel à certains des juristes les plus connus pour rédiger un avis juridique qui confirmait que l'accord du lac Meech n'avait aucune portée constitutionnelle et en somme ne voulait rien dire juridiquement : « La clause [de la société distincte] ne crée aucune nouvelle compétence législative au profit du Parlement ou de l'une quelconque des législatures provinciales et ne déroge à aucune de leurs compétences législatives, mais il pourra en être tenu compte pour déterminer si une loi particulière s'inscrit dans les compétences du Parlement ou de l'une des législatures provinciales[34]. »

---

33. À cette époque, le chef de l'opposition officielle, c'est moi.
34. *Accord du Lac Meech* (révisé, 1990).

Rien n'y fit. La législature du Manitoba refusa de ratifier l'accord du lac Meech et le projet ne fut même pas présenté à la législature de Terre-Neuve. Il faut rappeler l'objectif initial pour mesurer l'ampleur de l'échec et sa portée. Voici le premier attendu de l'accord du lac Meech : « Attendu que, le 30 avril 1987, le premier ministre du Canada et les premiers ministres des provinces ont conclu une entente de principe sur les moyens d'assurer la participation pleine et entière du Québec à l'évolution constitutionnelle du Canada. »

La Commission Bélanger-Campeau

Après l'échec, où devait-on aller ? Que devait-on faire ? Le message avait été bien compris. Ou bien les Québécois seraient des Canadiens comme les autres, ou alors ils se débrouilleraient seuls.

Tout de même pas complètement seuls : il ne faut pas oublier que les négociations de libre-échange avec les États-Unis se sont terminées à peu près en même temps que celles du lac Meech.

Jamais l'idée de la souveraineté n'a été aussi populaire. Ottawa a beau multiplier les consultations et les colloques, on comprend que la question québécoise est en train de créer une crise canadienne. À Québec, un phénomène étrange se produit. Entre le premier ministre fédéraliste et le chef de l'opposition souverainiste, une sorte de complicité s'est établie. Déjà, on l'a vu à un chapitre précédent, la question du libre-échange avec les États-Unis était devenue bipartisane. Sur le plan constitutionnel, le premier ministre a affirmé à l'Assemblée nationale le soir de l'échec du lac Meech : « Le Québec est, aujourd'hui et pour toujours, une société distincte, libre et capable d'assumer son destin et son développement. » Ce à quoi, en tant que chef de l'opposition, je lui réponds : « Et je dis... à *mon* premier ministre : je vous tends la main. Essayons de nous retrouver. Il faut que nous puissions trouver une autre voie[35]. »

---

35. Débats de l'Assemblée nationale du 22 juin 1990, p. 4134-4135.

Il est décidé d'un commun accord de créer une commission d'étude sur l'avenir du Québec. Les membres représenteront toutes les tendances et seront nommés conjointement par les deux chefs de parti. C'est ainsi que le premier ministre nommera comme coprésident Michel Bélanger, président de la Banque nationale, et le chef de l'opposition désignera Jean Campeau, président de la Caisse de dépôt et placement. Tous les partis politiques de Québec et d'Ottawa et les grands secteurs de la société civile sont représentés. Les audiences publiques suscitent un énorme intérêt, mais rapidement on se rend compte que l'appui à la souveraineté du Québec et celui à l'appartenance au Canada sont à peu près d'égale intensité. Des efforts parfois dramatiques, et la plupart du temps de bonne foi, sont faits pour trouver un compromis ici, un arrangement là. Au bout du compte, la commission recommandera de créer deux comités parlementaires, l'un pour examiner les propositions que le Canada pourrait faire au Québec, l'autre pour examiner les conséquences de la souveraineté. En outre, un référendum serait tenu, entre le 8 juin et le 22 juin 1992 ou entre le 12 octobre et le 26 octobre 1992, qui porterait sur la souveraineté du Québec. Ces propositions sont adoptées à la majorité des voix. Libéraux du Parlement québécois et péquistes votent ensemble, mais il est entendu que chaque signataire pourra accompagner sa signature de commentaires. On se rend compte alors que les divisions habituelles n'ont pas changé et le projet de loi qui reprendra les recommandations de la Commission Bélanger-Campeau comporte des attendus qui indiquent clairement que le gouvernement n'a pas l'intention de réaliser tout ce que le texte de loi prévoit[36]. Néanmoins, pour pousser le gouvernement à respecter l'engagement de tenir un référendum sur la souveraineté au plus tard le 12 octobre 1992, le Parti

---

36. Loi sur le processus de détermination de l'avenir politique et constitutionnel du Québec (1995).

québécois fera signer une pétition par un million de Québécois. À l'échelle des États-Unis, c'est comme si une pétition recevait 40 millions de signatures, et, à cette époque, Internet n'était pas utilisable à ces fins. Cela s'est fait au crayon, un à un.

Charlottetown

Il y eut effectivement un référendum en 1992, mais pas sur les recommandations de la Commission Bélanger-Campeau, sur l'accord de Charlottetown.

Il faut dire que pendant qu'au Québec on accordait beaucoup de temps et d'énergie à essayer de se dessiner un avenir, le gouvernement de M. Mulroney avait compris que l'échec du lac Meech venait, sans doute, de la polarisation du débat sur le Québec. Si l'on voulait faire avancer l'intégration du Québec dans le Canada, ce ne serait pas en multipliant des concessions au Québec (ou ce qui était perçu comme tel) : c'est l'organisation même du Canada qu'il fallait repenser. En somme, dix ans après le rapatriement de la Constitution et les quelques amendements qui l'avaient accompagnée, on voulait refaire des pans entiers du travail des pères de la Confédération. Les nouveaux pères seraient, outre le premier ministre du Canada, tous les premiers ministres des provinces et territoires et quatre représentants des nations autochtones. La ratification se ferait non pas par le vote de chacune des législatures mais par référendum. M. Bourassa obtint que le référendum au Québec soit tenu sur la base de la Loi sur la consultation populaire du Québec. Un référendum particulier fut organisé par les Autochtones. C'est ainsi que trois collèges électoraux distincts furent organisés.

Le texte de l'entente de Charlottetown, qui fut adopté par les premiers ministres et les chefs autochtones, comptait vingt et une pages. C'était un document manifestement écrit avec les meilleures intentions du monde. Mais une foule de questions étaient laissées à des négociations ultérieures.

D'autres donnaient lieu à des dispositions vagues ou ambiguës. En somme, on s'était entendus d'autant plus facilement qu'on était restés très souvent dans le flou artistique.

Probablement conscients du caractère vulnérable de leur texte, les pères putatifs ne se pressaient pas de rendre public le texte de l'entente. Au Québec, le camp du non fit annoter le texte en se servant de bulles comme dans les bandes dessinées, en fit imprimer 2 millions et demi de copies et puisqu'on n'avait pas accès à la franchise postale, les fit distribuer par des bénévoles à toutes les portes du Québec.

Le jour du référendum, le non l'emportait au Québec (56,7 %), au Canada anglais par presque autant (54,8 %), et par une forte majorité chez les Autochtones. Les trois collèges électoraux rejetaient ce que leurs chefs avaient accepté à l'unanimité. Ces derniers gardèrent tous leurs postes et firent comme si rien ne s'était passé. En un certain sens, ils avaient raison. Quatre ans de psychodrame politique n'aboutissaient à rien. En dépit de circonstances éminemment favorables. À Ottawa, un gouvernement à ce point favorable au Québec qu'il avait amené le Parti québécois à se réfugier dans l'affirmation nationale, à Québec, un parti fédéraliste à ce point habile qu'il fit croire un temps que c'est lui qui, peut-être, pourrait entreprendre la souveraineté au Québec, et qui était bien décidé à ramener le Québec dans le cadre constitutionnel canadien : on ne retrouverait pas de sitôt une pareille combinaison. Et au bout du compte, on n'est nulle part. Beaucoup renoncent à trouver dans les changements constitutionnels une voie fructueuse ou même simplement possible. C'est donc au tour des souverainistes de s'essayer. Leur moment est venu.

Je ne vais pas revenir sur la campagne référendaire de 1995. J'en ai suffisamment parlé dans un chapitre précédent. L'important, c'est de comprendre l'enchaînement des événements. Après l'échec de Charlottetown en 1992, après l'échec du référendum de 1995, quel que soit le point de vue que l'on partage, le *statu quo* constitutionnel semble la seule voie possible, imposée par l'échec des alternatives. À Québec et à Ottawa, les réactions vont cependant être complètement différentes.

Le déficit zéro

À Québec, le changement de gouvernement après le référendum de 1995 entraîne un changement de stratégie. Le nouveau gouvernement est souverainiste, mais après le traumatisme de la défaite, il fait comme si le référendum avait été un mauvais rêve. Devant les rumeurs d'irrégularités dans le déroulement du scrutin, il n'intervient pas, ne procède à aucune vérification. Ce sont les groupes de militants qui vont *motu proprio* procéder à des enquêtes, voire, comme à Sherbrooke, obtenir des condamnations devant les tribunaux. Petit à petit va s'accréditer l'idée que 54 000 personnes ont voté alors qu'elles n'avaient pas de carte d'assurance-maladie, donc n'étaient pas résidantes du Québec. Les démonstrations et les preuves viendront quand Robin Philpot publiera *Le référendum volé*[37].

Pendant toutes ces années, le gouvernement va se consacrer à éliminer le déficit budgétaire du Québec. Lorsque le Parti québécois est arrivé au pouvoir, le déficit appréhendé était de l'ordre de 6 milliards. En fait, pour l'année fiscale 1994-1995 (donc se terminant le 31 mars 1995), le déficit fut de 5,8 milliards de dollars. Au cours de l'année référendaire, l'on affirmait dans les journaux que, pour gagner, le gouvernement serait amené à « acheter » les syndicats du secteur public dont les conventions collectives venaient à échéance et généralement à jeter l'argent par les fenêtres. En fait, les livres sont fermés le 31 mars 1996 et le déficit a été réduit à 3,9 milliards de dollars. On décide alors d'atteindre le déficit zéro au moment même où le gouvernement fédéral procédait à des coupures sombres dans les transferts aux provinces pour équilibrer son propre

---

37. *Op. cit.*, p. 95.

budget. Le Québec s'engage à atteindre le déficit zéro en vertu d'un agenda strict et par des réductions de dépenses. Bien sûr, il ne pourra pas y arriver aussi simplement. Tel que défini, l'objectif impliquait que le gouvernement paierait, sans emprunter, ses dépenses courantes et ses investissements : engagements insoutenables ! Il n'y a rien de honteux à emprunter pour payer ses investissements, pas plus pour un gouvernement que pour un individu. Les dépenses de constructions routières seront directement ajoutées à la dette. Seul l'amortissement sera inscrit comme dépense budgétaire. Et puisqu'on s'est engagés à ne pas augmenter les impôts, on forcera les commissions scolaires à augmenter les taxes scolaires, ce qui permettra de restreindre les dépenses que le gouvernement impute à l'éducation.

Pendant la recherche de la pureté comptable au cours de l'année 1997, une grande réforme des conventions comptables augmente d'un seul coup la dette publique d'un quart (d'environ 80 à 100 milliards de dollars), ce qui va amorcer une espèce de panique collective qui durera plusieurs années, alimentée chaque année par une hausse de la dette, même quand le déficit est à zéro, puisque les investissements sont passés directement à la dette et que seul l'amortissement était considéré comme dépense budgétaire[38].

Mais Québec a maintenant peur. La recherche d'argent est devenue le moteur de l'État. D'où qu'il vienne, l'argent est bienvenu. En pratique, il viendra d'Ottawa. Après tout, ce n'est que justice. On envoie des impôts là-bas. Il est normal qu'ils nous reviennent. Ottawa ne se fait pas prier. Une pluie de chaires de recherche va s'abattre sur les universités à la condition que leurs titulaires, on l'a dit, identifient toujours leur bienfaiteur. On a vu le premier ministre du Canada convoquer son homologue

---

38. Les chiffres exacts sont 78 et 98 milliards. Plan budgétaire, ministère des Finances, 2009-2010, p. J-16.

québécois pour inaugurer l'élargissement de la route entre Québec et Chicoutimi. En fait, bloqués par les directives du Conseil du trésor, les ministères québécois vont trouver auprès du gouvernement fédéral les ressources qui leur manquent. L'État du Québec redevient petit à petit la province du Québec.

On trouve peut-être que finance et économie occupent beaucoup trop de place dans une discussion qui se veut constitutionnelle. Mais c'est justement là le drame. Un gouvernement souverainiste qui a failli atteindre son objectif, qui touchait au pays, plonge tout à coup dans une sorte de jansénisme financier, se range frénétiquement du côté des « règles comptables généralement reconnues » et, aux abois, devient l'obligé du gouvernement fédéral. Il y a là un mystère qui n'a jamais été complètement élucidé.

Les commandites

Ottawa est aux antipodes de Québec. Il a rétabli l'équilibre de ses finances et, en fait, accumule d'énormes surplus à partir du maintien des cotisations de l'assurance-chômage (emploi) à des niveaux très élevés. Il peut alors s'engager, sans distraction, dans le jeu politique et constitutionnel.

Ottawa a eu très peur. Le pays a failli sauter, il faut s'assurer que cela ne recommence plus. Deux grandes opérations seront entreprises, l'une qui vise l'opinion publique — ce sera l'affaire des commandites — et l'autre qui va chercher à verrouiller la question constitutionnelle — ce sera la loi sur la clarté.

L'affaire des commandites a commencé un peu avant le référendum et va durer ensuite plusieurs années. L'idée est simple. Le gouvernement fédéral commanditera toutes espèces de manifestations sportives, culturelles, communautaires, de façon à ce qu'il apparaisse partout systématiquement comme l'appui indispensable, l'image rassurante, l'ami véritable et puissant. Des sommes énormes furent mises à la disposition d'un fonctionnaire qui, à l'occasion de la commission d'enquête

Gomery, indiqua, bien avant de faire de la prison, l'atmosphère qui régnait à Ottawa pendant qu'à Québec, on cherchait à équilibrer les comptes en mettant à la retraite des centaines de médecins et des milliers d'infirmières. « C'était la guerre », dira Charles Guité.

En même temps, le gouvernement fédéral faisait adopter la Loi dite « de la clarté ». Pour comprendre la préoccupation qui précède cette loi, il faut revenir au projet de loi sur l'avenir du Québec que j'avais fait distribuer dans tous les foyers du Québec. Ce texte indiquait clairement, explicitement, que, advenant que les négociations qui suivaient un oui majoritaire n'aboutiraient pas dans le courant de l'année qui suivrait, l'Assemblée nationale aurait le pouvoir de déclarer l'indépendance du Québec. De là est née l'idée que le Québec pourrait déclarer unilatéralement son indépendance. Et lorsque j'ai publié *Pour un Québec souverain*[39], un journaliste du Québec a cru deviner dans ces pages que, dans les jours qui suivraient un oui, je déclarerais effectivement l'indépendance. Ce fut un beau charivari. L'Assemblée nationale (je n'en étais plus membre) eut un coup de sang comme elle en a de temps à autre (l'affaire Michaud, par exemple), et après que chacun ait nié être au courant de la chose, je me suis retrouvé à la tête d'une conspiration destinée à déclarer unilatéralement la souveraineté, et composée d'une seule personne… moi.

Il est clair, cependant, qu'au Québec, après le résultat très serré de 1995, ceux qu'ulcérait la perte de leur pays par une fraction de 1 % des voix n'accepteraient pas de renoncer à leur objectif si un jour on gagnait, même par une faible marge.

Cour suprême et clarté

Le gouvernement fédéral décida de demander à la Cour suprême un avis qui, essentiellement, visait à rendre illégale toute déclaration unilatérale d'indépendance. La Cour était piégée. Comme on a

---

39. Jacques Parizeau, *Pour un Québec souverain, op. cit.*

eu l'occasion de le dire précédemment, la Constitution de 1867 n'interdit pas la sécession d'une province. Plus curieusement, après le référendum de 1980, des amendements ont été apportés à l'occasion du rapatriement de la Constitution, mais aucune allusion n'est faite à la sécession. Bien sûr, on peut toujours soutenir que la sécession d'une province *est* un amendement à la Constitution, mais ce n'est pas très convaincant. En fait, on demandait à la Cour de trancher juridiquement un problème politique.

La Cour va s'en sortir assez bien. Chacun va y trouver un peu de ce qu'il veut[40]. La définition de la sécession unilatérale est parfaite : « Ce qui est revendiqué comme droit de faire "unilatéralement" sécession est plutôt le droit de procéder à la sécession sans négociations préalables avec les autres provinces et le gouvernement fédéral[41]. »

Comme, à ma connaissance, il n'y a jamais eu d'élu québécois qui ait demandé cela, la définition n'est pas gênante. On a toujours voulu négocier. Réciproquement, les juges considèrent que, si un référendum a été gagné par les souverainistes qui veulent négocier, le reste du Canada a l'obligation morale d'accepter de négocier. On est bien contents d'entendre cela. Encore faut-il que la question soit claire et le résultat soit clair. Là, c'est au tour des fédéralistes d'être contents. Malheureusement, les juges ne définissent pas en quoi consistera la clarté de la question ni quel pourcentage de vote sera considéré comme clair.

Il fallait bien que les juges soulèvent l'hypothèse que les négociations, si tant est qu'elles aient été amorcées, puissent échouer. Que se passerait-il alors ? Ils ne répondent pas directement à la question, mais écriront :

---

40. Pour cette question, voir ma « Lettre ouverte aux juges de la Cour suprême » publiée dans *Le Devoir*, les 3 et 4 septembre 1998.

41. « Renvoi relatif à la sécession du Québec, [1998] 2 R.C.S. 217 », paragraphe 86, *Jugements de la Cour suprême du Canada*, <http://csc.lexum.umontreal.ca/fr/1998/1998rcs2-217/1998rcs2-217.html>.

Même s'il n'existe pas de droit de sécession unilatérale en vertu de la Constitution ou du droit international, c'est-à-dire un droit de faire sécession sans négociation sur les fondements qui viennent d'être examinés, cela n'écarte pas la possibilité d'une déclaration inconstitutionnelle de sécession conduisant à une sécession *de facto*. Le succès ultime d'une telle sécession dépendrait de sa reconnaissance par la communauté internationale qui, pour décider d'accorder ou non cette reconnaissance, prendrait vraisemblablement en considération la légalité et la légitimité de la sécession eu égard, notamment, à la conduite du Québec et du Canada[42].

Cette constatation est capitale. Elle explique les efforts qui ont été faits depuis le début des années 1990 pour obtenir, par la reconnaissance de la France, un mouvement qui amènerait les États-Unis à faire de même. Elle restera vraie dans sa généralité, sinon dans ses détails, pour toute nouvelle tentative de réaliser la souveraineté du Québec. Et cela restera l'objectif permanent des adversaires d'empêcher ce jeu d'aboutir. C'est cela qui explique de nos jours le ballet fédéraliste autour du président Sarkozy. Heureusement, l'avenir dure longtemps. Nous y reviendrons.

Quoi qu'il en soit, sur la base de cet avis de la Cour suprême, la Loi dite de la clarté fut élaborée. Si le gouvernement fédéral ne jugeait pas la question référendaire suffisamment claire, ou si le résultat du référendum n'était pas assez clair, alors il refuserait de négocier avec un gouvernement du Québec qui viendrait de gagner un référendum portant sur la souveraineté. Comme l'avis de la Cour ne clarifiait pas la clarté, c'est le gouvernement fédéral qui, dans sa grande sagesse, dicterait la clarté, donc dicterait la loi[43].

---

42. *Ibid.*, paragraphe 155.

43. Loi donnant effet à l'exigence de clarté formulée par la Cour suprême du Canada dans son avis sur le Renvoi sur la sécession du Québec, ou Loi de clarification,

Je ne m'attarderai pas à décrire ce qui suivit l'adoption de cette loi, la parade sous forme d'une sorte d'affirmation des droits du gouvernement du Québec et des débats publics en tous genres. En fait, je pense que le mot de la fin revient au cardinal et archevêque de Montréal, Jean-Claude Turcotte : « C'est au peuple de décider et non pas à la Cour suprême[44]. »

Mais, politiquement, on ne peut négliger la portée dans l'opinion publique de cet épisode. En s'appuyant sur un avis de la Cour suprême, le gouvernement fédéral dit avoir les moyens de bloquer l'indépendance du Québec même si le résultat du référendum est majoritairement oui. Et c'est pour cela que, quelle que soit la stratégie adoptée par un gouvernement souverainiste, il ne doit jamais perdre de vue que la meilleure façon de convaincre le Canada de négocier de façon civilisée, c'est que ce dernier soit convaincu que pour l'essentiel, s'il ne veut pas négocier du tout, on peut se débrouiller quand même (parce qu'on garde le dollar canadien, parce que le libre-échange avec les États-Unis est assuré, etc.). D'autre part, on voit mal le Canada refuser certaines ententes : la libre circulation entre l'Ontario et les provinces maritimes, par exemple, ou l'utilisation de la voie maritime du Saint-Laurent.

En somme, une fois que le peuple a parlé, pas mal de choses débloquent d'elles-mêmes, et même si la mauvaise humeur est chargée, elle ne peut pas faire beaucoup de dégâts.

---

sanctionnée le 29 juin 2000. La réponse de Québec fut la Loi sur l'exercice des droits fondamentaux et des prérogatives du peuple québécois et de l'État du Québec, adoptée par l'Assemblée nationale le 7 décembre 2000.

44. Cité dans Jacques Parizeau, « Lettre ouverte aux juges de la Cour suprême », *op. cit.*

Chapitre VI

La perspective internationale

Il peut paraître étonnant que je fasse intervenir si tôt la perspective internationale en traitant de la prochaine tentative de réaliser la souveraineté du Québec. Mais cela est conforme à ce qu'a été ma démarche jusqu'ici, partant du principe que le Canada va tout faire pour empêcher la souveraineté du Québec parce que, sans lui, son identité envers les États-Unis deviendrait rapidement problématique et sa place dans le monde, réduite. J'ai toujours pensé que le succès du projet québécois serait conditionné par un appui populaire au Québec et une audience conséquente ailleurs dans le monde. L'un et l'autre sont nécessaires pour amener le Canada à se réconcilier avec l'idée de l'indépendance du Québec. Et si, en outre, il est devenu clair que notre capacité de négocier s'appuie sur notre aptitude à nous passer de ces négociations, nous pouvons envisager avec optimisme une solution qui soit civilisée et correcte.

L'avis de la Cour suprême sur la sécession du Québec, dont j'ai fait état dans le chapitre précédent, a une sorte de validité permanente que la Loi dite « de la clarté » ne vient pas altérer. Si les négociations échouaient, alors l'issue de la déclaration sécessionniste du Québec dépendrait de la réaction de la communauté internationale. Cette constatation — on ne peut pas dire que ce soit une recommandation — de la Cour suprême a une importance capitale. Elle répond à la question : « Qu'est-ce qui se passe si les négociations échouent? » et souligne que l'on trouvera la réponse auprès de la communauté internationale.

Au Québec, on est encore peu préparés à reconnaître l'importance des démarches internationales dans le règlement de la question nationale. Il flotte encore comme un air d'exotisme sur ces questions. Pour certains même, cela ne fait pas très sérieux. C'est la raison pour laquelle je cherche à mettre en valeur le caractère essentiel de la démarche internationale dont le seul objectif, au fond, est de faire reconnaître le Québec comme un pays indépendant aussi rapidement que possible après que, le référendum ayant été gagné, l'Assemblée nationale, en vertu des pouvoirs qui lui sont conférés, décrète l'indépendance du Québec.

Cela se prépare, longuement, difficilement après un échec. J'en sais quelque chose. Quand j'ai cherché en 1988 à recommencer la démarche souverainiste, on m'accordait une crédibilité nulle. Entre cette date et janvier 1995, où, à l'occasion d'un voyage officiel à Paris, les appuis étaient nombreux et forts, les démarches furent fréquentes, culminant avec une proposition du président Mitterrand de nommer une personne qui établirait un contact direct et sans intermédiaire entre nous deux.

Aux États-Unis, une foule de démarches auprès de sénateurs et de gouverneurs ne nous ont pas vraiment rapprochés de la Maison-Blanche, à l'exception d'un contact avec le représentant de la National Security Agency qui se révéla fort utile[45].

Et je passe sur les contacts avec l'Afrique francophone tiraillée entre la sympathie parfois active pour le Québec et l'argent que le fédéral distribuait sans compter.

Aujourd'hui, après le référendum de 1995, après les longues années où, on l'a vu, l'idée de l'indépendance du Québec a graduellement perdu son caractère urgent et prioritaire dans l'opinion publique, les rapports que les souverainistes québécois

---

45. Voir *Pour un Québec souverain*, *op. cit.*, p. 285.

avaient établis avec l'étranger se sont relâchés. Le gouvernement libéral qui arrive au pouvoir en 2003 ne se replie pas, cependant, sur lui-même. Il va faire pression sur le gouvernement canadien pour que s'amorcent des négociations avec l'Union européenne pour qu'un traité de libre-échange soit élaboré et va signer avec la France un accord réciproque de reconnaissance de professions et de métiers. Il va de soi, cependant, que ce parti fédéraliste ne va pas chercher à donner à ces rapports quelque coloration politique que ce soit. Avec les États-Unis, les rapports ne sont plus que commerciaux ou économiques. Le gouvernement canadien va, on l'a dit, pour des raisons essentiellement électoralistes, promettre au Québec un siège à l'UNESCO. Une fois l'élection passée, il faudra se rendre à l'évidence que ce siège ne pouvait être qu'un strapontin qui ne s'ouvrira que sur autorisation d'Ottawa.

MM. Sarkozy et Desmarais[46]

Et puis s'est produit l'incident Sarkozy à la fin de 2008 et le début de 2009. Étrange événement qui bouleverse complètement, pour un certain temps, les rapports du Québec et de la France. Il s'agit d'un véritable scandale, de quelque chose de littéralement insensé, une caricature des rapports de la politique et de l'argent. Habituellement, l'argent cherche à être plus discret... Dans ce cas, la politique reconnaissante à l'égard de l'argent pousse les remerciements jusqu'à la parodie, sans perdre de vue qu'il y a encore de l'argent à faire.

L'acteur principal est Nicolas Sarkozy. Jeune politicien ambitieux, il a fait partie très tôt de l'équipe de Jacques Chirac. Ce dernier, après avoir été premier ministre de droite d'un président Mitterrand de gauche, s'est présenté contre lui à l'élection présidentielle. Il a été battu, s'est réfugié à la mairie de Paris pour

---

46. Voir Robin Philpot, *Derrière l'État Desmarais: Power*, Montréal, Les Intouchables, 2008, 208 p.

sa traversée du désert. Son bras droit, Édouard Balladur, sera premier ministre de Mitterrand, étant entendu qu'à la prochaine élection, Chirac se présentera à nouveau pour être président. Mais Balladur a le goût du pouvoir. Il lâche Chirac, prépare sa candidature à la présidentielle avec l'aide d'un autre membre de l'équipe Chirac : Sarkozy. Chirac devient président, Balladur disparaît dans la nature et Sarkozy n'existe plus.

Il va être récupéré par Paul Desmarais. Milliardaire, ce dernier a fait sa fortune grâce à un sens prodigieux de ce qu'il faut acheter à temps et vendre à temps. Ce n'est pas vraiment un entrepreneur mais plutôt un grand financier. La politique le fascine. Fédéraliste convaincu, il lutte depuis toujours contre le mouvement souverainiste. S'il a commencé sa carrière au Québec (même s'il vient d'une petite ville de l'Ontario), il va se débarrasser assez tôt de tous ses intérêts québécois sauf les journaux (il possède sept des dix quotidiens francophones du Québec) et un immense domaine, Sagard, dans le comté de Charlevoix.

S'il garde d'énormes intérêts au Canada anglais, dans le domaine financier en particulier, il va devenir, avec son éternel associé, le Belge Albert Frère, l'un des hommes d'affaires les plus importants de France et de Belgique. Actionnaire de référence ou en tout cas important de Suez, de Total, de la Banque Bruxelles-Lambert, de la BNP Paribas, pour ne citer que les plus connus de ses intérêts, son sens des affaires n'a d'égal que sa capacité de découvrir les talents politiques, au Canada, au Québec et en France.

Sarkozy va le décorer de la Grand-croix de la Légion d'honneur, ce qui est tout à fait étonnant pour un homme d'affaires. Il faut lire les propos dithyrambiques avec lesquels le président français souligne les services que Paul Desmarais a rendus, non pas à la France, mais au nouveau président. La reconnaissance de l'un à l'égard de l'autre va complètement bouleverser la donne des rapports entre le Québec, la France et le

Canada. Déjà, entre Québec et France, les liens s'étaient un peu tendus. En quelques mois, le président Sarkozy, pour faire plaisir à son ami, va tellement en rajouter, que le premier ministre du Québec, tout fédéraliste qu'il soit, va être forcé de calmer le jeu et, au fond, de désavouer l'exubérant président. Quant à Paul Desmarais, après sept pages d'entrevue dans l'hebdomadaire français *Le Point*, il va revenir à sa place, celle qui consiste à tirer les ficelles sans faire de vagues.

Les citations assassines

Les citations qui suivent résument l'histoire de ce «lâchage» du Québec, non par la France, mais par le chef de l'État français :

« Toujours est-il que le Québec semble aujourd'hui bien loin d'être une priorité pour la France. Il n'y a qu'à constater la disparition depuis quatre ans des visites annuelles alternées entre premiers ministres français et québécois... » (Christian Rioux, *Le Devoir*, 6 juillet 2007)

« Au fil du temps, Nicolas Sarkozy était devenu un proche de la famille Desmarais et un habitué de Sagard. "En fait, a-t-il raconté hier soir, si je suis aujourd'hui président de la République, je le dois en partie aux conseils, à l'amitié et à la fidélité de Paul Desmarais". » (Louis-Bernard Robitaille, *La Presse*, 12 février 2008)

« Jean-Pierre Raffarin nous annonce que le président Nicolas Sarkozy profiterait de son passage à Québec en octobre prochain pour mettre à mal la politique de la France par rapport au Québec. Cette politique dont un des principaux éléments s'énonce comme suit : "Non-ingérence et non-indifférence". » (Louise Beaudoin, *Le Devoir*, 1er avril 2008)

« Premièrement, cette "nouvelle" position française de la normalisation représente une véritable gifle à l'action française et québécoise des 40 dernières années. En effet, le gouvernement français a été un interlocuteur important — voire essentiel — pour l'existence et le développement du réseau diplomatique québécois. » (Jean-Marie Girier *et al.*, *Le Devoir*, 4 avril 2008)

« "Vous savez que nous, on est très proches du Québec, mais je vais vous le dire, on aime beaucoup le Canada aussi. On n'oppose pas nos deux amitiés et nos deux fidélités. On les rassemble pour que [...] l'avenir du Canada et de la France soit l'avenir des deux pays"... a déclaré Nicolas Sarkozy, qui s'exprimait sans notes. » (Robert Dutrisac, *Le Devoir*, 9 mai 2008)

« Cette modeste visite de quatre jours à Bordeaux, Brouage et Paris était sans aucune mesure avec les festivités inaugurées par la gouverneure générale, Michaëlle Jean, dix jours plus tôt à La Rochelle qui avaient attiré plus de 10 000 personnes. Jean Charest s'est contenté d'une courte cérémonie... » (Christian Rioux, *Le Devoir*, 20 mai 2008)

« Il [Nicolas Sarkozy] a déclaré : "Je fais partie de ces Français qui considèrent que le Québec sont nos frères et que le Canada sont nos amis." » (Christian Rioux, *Le Devoir*, 23 mai 2008)

« C'est qu'au sein du grand peuple canadien, il y a la nation québécoise. [...] Car le message qu'est le vôtre, il est grand, il est utile parce qu'il conjugue défense farouche de son identité, de sa langue et sa culture, mais refus du repliement sur soi. Le peuple québécois n'est pas sectaire. » (Nicolas Sarkozy à l'Assemblée nationale du Québec le 17 octobre 2008)

« L'unité canadienne est nécessaire à la refondation du capitalisme à la suite de la crise financière internationale. [...] Il s'agit de bâtir la gouvernance mondiale du XXIe siècle, le système financier monétaire du XXIe siècle. Et on a besoin de pays leaders comme le Canada. » (citation de Nicolas Sarkozy, Jocelyne Royer, *Le Droit*, 18 octobre 2008)

« Cette fois, Stephen Harper n'a pas attendu 24 heures pour virer capot et avouer que les pompeuses envolées sarkoziennes en faveur de la "refondation" du capitalisme ne lui disaient rien qui vaille. » (Christian Rioux, *Le Devoir*, 24 octobre 2008)

« "Franchement, s'il y a quelqu'un qui aimerait dire que le monde d'aujourd'hui a besoin d'une division supplémentaire, c'est qu'on n'a pas la même lecture du monde", a-t-il [Sarkozy] dit à quelques heures de l'ouverture du Sommet de la franco-phonie dans la capitale québécoise. » (Jocelyne Royer, *Le Droit*, 18 octobre 2008)

« Dans une des réponses publiées aux questions écrites que lui avait adressées *La Presse*, M. Sarkozy laisse clairement entendre que, dans son esprit, "l'époque des référendums sur la souveraineté du Québec est révolue". » (Michel David, *Le Devoir*, 18 octobre 2008)

« Le leader historique du mouvement indépendantiste, l'ancien premier ministre Jacques Parizeau, note très justement que, en exprimant sa préférence, le président Sarkozy, l'élu le plus puissant du monde francophone, était allé beaucoup plus loin dans le rejet de l'indépendance du Québec que ne l'avait fait le président Bill Clinton, l'élu le plus puissant du monde anglophone. Pendant la campagne référendaire de 1995, M. Clinton avait certes fait l'éloge du Canada mais, préservant l'avenir et résistant aux pressions d'Ottawa, il s'était gardé de dénoncer le projet indépendantiste, il avait affirmé ce que M. Sarkozy a omis d'ajouter, que la décision revenait aux Québécois. » (Jean-François Lisée, *Le Devoir*, reproduit du *Monde* du 24 octobre, 25 octobre 2008)

« "C'est vrai que la ni ingérence ni indifférence qui a été la règle pendant des années, honnêtement ce n'est pas trop mon truc", a-t-il [Sarkozy] déclaré hier au Palais de l'Élysée. "Le Québec, c'est ma famille et le Canada, ce sont mes amis", a-t-il déclaré hier au Palais de l'Élysée. Le chef de l'État français a dit rejeter la "division", le "sectarisme", "l'enfermement" sur soi et la "détestation". » (Tommy Chouinard, *La Presse*, 3 février 2009)

« Refusant de qualifier les propos de Nicolas Sarkozy, le Premier ministre Charest s'est montré plus prudent. Selon lui, il n'est pas question de mettre au rancart la politique de "non-ingérence et non-indifférence". Jean Charest affirme même que "si jamais il devait y avoir un autre référendum",

il ne voit "pas d'autre politique possible pour la France". »
(Christian Rioux, *Le Devoir*, 3 février 2009)

« C'est bien connu, le Président français a horreur
des importuns. Puisque le Québec ne semblait pas vouloir
comprendre que le Canada était sa nouvelle flamme, il a décidé
de lui expliquer les choses à sa façon "Casse-toi, pauvre con !" Le
plus remarquable n'était pas sa diatribe contre les souverainistes
québécois, mais plutôt le malaise que cela a provoqué chez le
premier ministre Charest qui conservera un souvenir doux-amer
du jour où il a été décoré de la Légion d'honneur. » (Michel
David, *Le Devoir*, 5 février 2009)

« Ces déclarations avaient aussitôt suscité une riposte des
chefs du Parti québécois et du Bloc québécois qui dans une lettre
ont déclaré que jamais un chef d'État étranger n'avait autant
manqué de respect aux plus de deux millions de Québécois qui
se sont prononcés pour la souveraineté au dernier référendum.
En référence à une lettre de Pauline Marois et Gilles Duceppe,
M. Sarkozy a plaidé qu'il avait entrepris, depuis son élection, de
refonder la relation franco-québécoise en lui donnant un nouvel
élan et en élargissant les champs de coopération. » (Alexandre
Robillard, *Le Droit*, 14 février 2009)

Les intérêts ne sont pas loin

L'épisode est ahurissant. Des 200 députés québécois élus aux
Parlements de Québec et d'Ottawa, 101 sont inscrits à des partis
indépendantistes. Les insultes et le mépris du président de la
République à l'égard d'une large partie du peuple québécois,
d'une forte majorité si l'on ne tient compte que des francophones,
et leurs représentants, démocratiquement élus, ont probablement
fait perdre à la France de bien vieux amis. Pour faire plaisir à son
milliardaire préféré ? Sans doute, mais pas seulement. Il faut qu'il y
ait autre chose. Les affaires ne peuvent être loin. M. Sarkozy est, au
moment du dérapage québécois, en tant que président de l'Union
européenne, la cheville ouvrière de la réunion du G-20 qui,

dans son esprit, doit aider à la « refondation » du capitalisme. L'aide du Canada, membre du G8, lui serait d'une grande utilité. Cela vaut bien quelques coups de pied au Québec.

À plus long terme, il y a l'énergie nucléaire. La France produit 78 % de son électricité à partir de l'énergie nucléaire. Une société d'État, AREVA, est le vaisseau amiral du développement de l'énergie nucléaire. Au Canada, l'Ontario doit renouveler ses vieilles centrales nucléaires construites à partir d'une technique canadienne qui a peu de succès, CANDU. Dans l'Ouest, l'extraction du pétrole des sables bitumineux demande des ressources énergétiques polluantes en quantité considérable. On songe donc à faire appel au nucléaire.

Bien sûr, AREVA est sur les rangs. Elle est propriétaire de gisements d'uranium au Canada. Si le gouvernement canadien met en vente Atomic Energy of Canada, AREVA est peut-être partante ; elle l'est assurément pour la construction des centrales en Ontario et dans l'Ouest, avec l'aide de Suez et de Total, dont on a vu que Paul Desmarais y a des intérêts importants.

La réponse est entre les mains du gouvernement du Canada, de l'Ontario, de la Saskatchewan et de l'Alberta.

Si « Paris vaut bien une messe », disait le protestant Henri IV, si aujourd'hui l'ouverture du marché chinois vaut bien la promesse de ne plus parler de l'indépendance du Tibet, à plus forte raison, la perspective de dizaines de milliards de dollars de contrats nucléaires vaut bien un appui senti à l'unité canadienne.

Il n'est pas certain que la stratégie fonctionne. Déjà, un peu avant le référendum de 1995, j'avais reçu un avertissement à l'effet que, la marine canadienne devant acheter quatre sous-marins, on nous lâcherait pour quelque temps, histoire de présenter une soumission pour le contrat. Le danger était immédiat. Un nouveau ministre des Affaires étrangères, Alain Juppé, refusa de « lâcher » les Québécois. Ce sont des services qui ne s'oublient pas[47].

---

47. Ce sont les Britanniques qui eurent le contrat, comme prévu.

En tout cas, les déclarations de M. Sarkozy changent complètement, pour un temps, la donne internationale. Sans doute ont-elles cependant révélé l'étendue des appuis dont dispose le Québec en France. Si la presse française a peu fait état de la question, ce que le premier ministre Barre appelait le microcosme a été scandalisé. Il n'en reste pas moins que rien n'étant aussi précieux qu'une face de chef d'État ou de gouvernement, il ne faut pas s'attendre à ce que le président perde la sienne.

Et pourtant... toujours la France

Pour quelques années, doit-on alors abandonner tout rôle pour la France dans notre tentative de réaliser l'indépendance? Non, mais il doit changer de nature. Les liens entre le Québec et la France sont bien plus étroits et diversifiés qu'on ne le croit habituellement. Depuis toutes ces années où les liens se sont tissés, on oublie que, bon an mal an, 2 000 jeunes Québécois et 2 000 jeunes Français traversent l'Atlantique par les soins de l'Office franco-québécois pour la jeunesse. De 300 000 à 400 000 touristes français entrent chaque année au Québec (malgré un léger déclin au début des années 2000). Les gens d'affaires québécois ont trouvé depuis longtemps le chemin de la France. Les échanges, les stages ne se comptent plus. Quant aux artistes, ils font depuis longtemps un tabac dans la francophonie[48]. La francophonie africaine a été quadrillée depuis longtemps par le gouvernement fédéral canadien et son bras financier, l'Agence canadienne de développement international (ACDI). L'immense majorité du personnel est québécoise. Le gouvernement du Québec n'y a jamais vraiment été présent (autrement qu'à des fins du choix des immigrants). Et pourtant, le nombre d'étudiants africains qui viennent suivre leurs études universitaires au Québec augmente constamment.

---

48. Sans oublier le travail remarquable des associations France-Québec.

Rien de ce que l'on peut faire pour intensifier les rapports de tous ordres avec les Français, d'une part, et la francophonie africaine, d'autre part, n'est inutile pour la suite des choses. L'ouverture d'une délégation du Québec au Maghreb, par exemple, et d'une autre en Afrique subsaharienne me semblerait être prioritaire.

On comprendra que, dans cette optique, l'entente avec la France sur la reconnaissance réciproque des qualifications de professions et de métiers est une belle réalisation. Cela peut faire partie des gestes qui, à long terme, rapprochent les deux peuples. On doit cette initiative au premier ministre du Québec, M. Jean Charest qui, décoré par M. Sarkozy et assistant à la bordée d'injures que recevaient ses concitoyens, expliquait posément que, s'il y avait un autre référendum, il ne voyait pas bien comment la politique de non-ingérence et de non-indifférence pourrait ne pas être celle de la France.

C'est l'évidence même. Mais il faut maintenant laisser un peu de temps passer.

Les rapports avec les États américains

Du côté des États-Unis, la situation politique ne présente rien de dramatique. Dans les années qui ont précédé le référendum de 1995, le gouvernement américain a maintenu les rapports officiels avec le Québec au niveau de ceux qu'une province canadienne peut avoir. Les ambassadeurs successifs à Ottawa se sont contentés de dire que les États-Unis considéraient le Canada comme un partenaire et un ami et que la question québécoise concernait les Canadiens. Une fois, on alla jusqu'à dire que la question concernait les Canadiens et les Québécois. L'ambassadeur Blanchard, en poste en 1995, suggéra, comme une menace, que l'accession d'un Québec indépendant à l'ALENA ne serait pas automatique. Toutes les pressions sur le président Clinton[49] dans les jours qui précédaient le référendum n'arrivèrent pas, on l'a vu, à le faire aller au-delà de l'affirmation qu'il préférait le maintien de l'unité canadienne, mais que la question serait tranchée démocratiquement. Depuis, la question nationale québécoise est, comme il fallait s'y attendre, disparue du radar des Américains.

Ce qui ne veut pas dire que la spécificité québécoise ne s'est pas manifestée, en particulier, en ce qui a trait aux questions environnementales. L'opinion publique québécoise a été très tôt attirée par les préoccupations qu'exprimait le traité de Kyoto. Ces questions reliées à la protection de l'environnement intéressent depuis longtemps les Québécois et les débats qui ont lieu à ces sujets n'ont rien de partisan sur le plan politique, en tout cas peu et rarement. J'ai eu l'occasion de mentionner le spectacle étonnant de ces 15 000 Québécois qui ont manifesté contre l'installation d'une centrale à gaz. Ce n'était pas une expression du « pas dans ma cour », mais plutôt celle de la fierté de ce qu'on a pu réaliser à partir de l'hydroélectricité et donc la capacité de produire de l'énergie propre.

Mais le cadre politique américain, puis canadien, se prêtaient mal à ce genre de préoccupation. Le gouvernement américain va pendant des années (en fait jusqu'à l'élection du président Obama) refuser non seulement Kyoto, mais même la reconnaissance de l'influence humaine sur les changements climatiques. Au Québec, un farouche adversaire des souverainistes, Stéphane Dion, a réussi à se faire admirer par son énergie à défendre les politiques environnementales. Mais ce fut un feu de paille : l'arrivée des conservateurs au pouvoir fit apparaître dans toute sa force le conflit de l'Ouest protégeant la spectaculaire expansion pétrolière et ceux qui, ailleurs au Canada mais singulièrement au Québec, refusaient de renoncer à leur attachement à la protection de la planète.

---

49. Voir chapitre II, p. 51. Pour le détail des pressions exercées en 1995 sur le président Clinton, voir Robin Philpot, *Le référendum volé, op. cit.*, p. 139-147.

Il faut accorder la plus grande importance politique aux rapports que le Québec, souvent avec les provinces maritimes et l'Ontario, a commencé à établir avec certains des États américains qui se dissocient de la politique officielle de leur gouvernement. On pense ici, bien sûr, à la Californie, qui, même si elle a souvent été désavouée sur le plan constitutionnel, a contribué plus que quiconque à modifier l'orientation politique américaine.

Du point de vue québécois, cependant, le cas le plus intéressant est celui du Livre vert de 2006 sur les changements climatiques, auquel je consacrerai une section entière du dernier chapitre de cet ouvrage. Ce Livre vert réfère directement à une entente signée en 2001 par les provinces de l'est du Canada avec les États de la Nouvelle-Angleterre, et, pour certaines des mesures, est calqué sur la Californie. Ce type de contacts directs et bilatéraux est appelé à se multiplier. On le constate dans des secteurs aussi différents que le camionnage ou le bois d'œuvre.

Sur le plan politique proprement dit, les contacts du Québec avec les États voisins doivent être maintenus avec constance. Cela, on le comprend quand il s'agit de contrats liés à l'électricité, mais on ne se rend pas toujours compte à quel point ces voisins peuvent être utiles pour modifier ou infléchir des décisions du gouvernement fédéral américain.

Au-delà des États-Unis, de la France et la francophonie, on ne peut négliger les rapports avec d'autres pays, qui ne peuvent être systématiques et sont le plus souvent le fruit de circonstances ou même de simples contacts personnels. Ainsi, j'ai eu l'occasion, deux années consécutives, d'assister au Forum social international de Porto Alegre, au Brésil. J'ai été stupéfait de constater à quel point étaient nombreux et étroits les contacts de représentants syndicaux et de la société civile du Québec avec l'entourage immédiat du président Lula et certains de ses ministres.

Dans de tout autres circonstances, l'ambassadeur de Suède vient me voir à Québec alors que la rumeur voulait que certaines autorités françaises aient tendance à laisser tomber le Québec. « La France a été le premier pays à reconnaître les États-Unis après la guerre d'indépendance. La Suède a été le second. Si on peut vous rendre service… » Il y avait, bien sûr, de l'ironie dans cette phrase inachevée. Mais sait-on jamais. L'ambassadeur de Hollande, lui, à la même époque, était franchement contre la souveraineté du Québec et le faisait savoir. Il faut suivre toutes ces choses de près.

L'aide humanitaire

Enfin, il me semble que, de toutes les relations internationales qu'un nouveau pays doit entretenir avec le reste du monde, il y en a une qui me paraît devoir être préparée le plus tôt possible : c'est l'aide humanitaire. Il n'est pourtant pas difficile de s'y engager. Des centaines, voire des milliers de Québécois et de Québécoises ont une expérience de l'aide humanitaire à l'étranger. C'est le gouvernement du Québec qui n'y connaît rien et ne veut rien savoir. Dès que j'ai été élu premier ministre en 1994, j'ai mis sur pied un service d'aide humanitaire que le Dr Réjean Thomas a accepté de diriger. On commença, pour des raisons évidentes, par Haïti. Ce que le Dr Thomas, avec son petit budget, a réussi à faire dans la campagne haïtienne pour relever des écoles et des dispensaires est étonnant. Mais son poste ne m'a pas survécu. On continue de se fier au gouvernement fédéral, au Mouvement Desjardins ou à Oxfam-Québec pour s'acquitter de ce qui devrait être un devoir de l'État du Québec. Quant au Dr Thomas, après son « expérience » québécoise, il fonda Médecins du Monde…

Chapitre VII

Un Québec indépendant est-il viable ?

Poser cette question appelle habituellement une réponse d'ordre comptable. Le Québec reçoit-il d'Ottawa plus d'argent qu'il ne lui en verse ? Ce que Québec verse, ce sont des impôts, des taxes, en somme des paiements de ses citoyens et de ses entreprises au gouvernement fédéral. Ce qu'Ottawa verse à Québec, ce sont des pensions et des allocations aux citoyens québécois, des contrats et des subventions à des entreprises québécoises et des paiements au gouvernement du Québec (la péréquation, par exemple).

Il faut aussi établir un état de la part du Québec des actifs et de la dette du gouvernement fédéral. Les Québécois ont droit à une part des actifs possédés par Ottawa, mais ils ont aussi à assumer la responsabilité d'une part de la dette fédérale qui a été contractée en leur nom. En devenant indépendants, ils doivent payer les intérêts sur leur part de la dette nette fédérale (dette moins actifs).

Je simplifie beaucoup en décrivant ainsi un exercice comptable qui est refait de temps à autre, à ma connaissance, depuis 1965. Si on arrive au résultat qu'Ottawa paye beaucoup plus à Québec que ce que Québec paye à Ottawa, les fédéralistes crient victoire, comme au référendum de 1980, et sont suivis par les médias. Si c'est le contraire, ce sont les souverainistes qui crient victoire, mais comme ils n'ont guère de contrôle sur les médias, la victoire est moins bruyante (comme à la sortie de l'étude de François Legault de 2005).

Il faut bien se rendre compte qu'il s'agit de travaux comptables qui sont une sorte de photographie de la situation à un moment donné. Selon le moment choisi, la photographie peut être fort différente. Mais ces calculs sont néanmoins importants pour faire comprendre ce qui se passe et ce qui peut se passer... Ainsi, en martelant pendant deux générations qu'il y a des provinces riches et des provinces pauvres, que les pauvres reçoivent de la péréquation, alors que les riches n'en reçoivent pas, que le Québec à lui seul reçoit d'Ottawa presque 60 % de toute péréquation payée à l'ensemble des pauvres et que cela représente des milliards de dollars, vous êtes assez bien placé pour convaincre les gens que l'indépendance est une chimère. Ce n'est qu'avec des colonnes de chiffres, un peu de pédagogie et beaucoup de patience que l'on peut venir à bout des caricatures qui font peur.

Toute la première partie de ce chapitre s'appuie sur une étude de François Legault, alors député de Rousseau et porte-parole de l'opposition officielle en matière de développement économique et de finances pour le Parti québécois. Le texte est intitulé *Finances d'un Québec souverain*[50]. Avant d'aborder les calculs de François Legault, on reviendra brièvement sur les études qui les ont précédés et qui, petit à petit, ont permis d'élaborer une méthode de calcul et de présentation.

Les études comptables : Bélanger-Campeau

Le premier texte public a été élaboré en 1973, à temps pour l'élection générale. C'était la première fois que l'opposition officielle présentait un projet de budget, à plus forte raison le budget d'un pays indépendant. Ce fut le « budget de l'an 1 », celui

---

50. Il s'agit d'une brochure imprimée en mai 2005, avec une préface de Bernard Landry, alors chef de l'opposition officielle, qui, cependant, n'a pas donné lieu au dépôt officiel à la Bibliothèque nationale. On peut consulter ce texte au centre de documentation du Parti québécois à l'Hôtel du Parlement. Tous les médias en ont fait état (avec modération) lors de sa publication.

de 1975-76. Il est difficile pour son auteur, 30 ans après, de juger de la validité de l'œuvre. La présentation à l'occasion d'un débat à la télévision ne fut pas, en tout cas, un succès mémorable. Le concept de l'élasticité de l'impôt au revenu était manifestement plus facile à faire passer dans une salle de cours que dans un studio de télévision.

Après l'échec du lac Meech, la Commission Bélanger-Campeau (commission sur l'avenir politique et constitutionnel du Québec) fut créée. Le secrétariat de la commission, dirigé par Henri-Paul Rousseau, le futur président de la Caisse de dépôt et placement, procéda à plusieurs études, dont une était intitulée *Analyse* pro forma *des finances publiques dans l'hypothèse de la souveraineté du Québec*. Elle « dressait l'état des finances publiques qu'aurait eu un Québec souverain pour l'année 1990-1991. Elle cherchait à établir combien il en coûterait au gouvernement du Québec pour maintenir les mêmes services publics fédéraux sans toutefois évaluer le coût des chevauchements.

« À la suite de ses travaux, la Commission Bélanger-Campeau concluait que "[…] les répercussions sur les finances publiques de l'accession du Québec à la souveraineté seraient faibles quel que soit le scénario des dépenses[51]". »

Dans un chapitre précédent, on a vu que le gouvernement du Québec (celui de M. Bourassa) décida, à la suite du dépôt du rapport de la Commission Bélanger-Campeau, de créer deux commissions composées de parlementaires, l'une pour examiner les propositions constitutionnelles qui pourraient être élaborées par le gouvernement fédéral, l'autre pour examiner les conséquences et les effets de la souveraineté du Québec. Cette deuxième commission en appela à tous ceux qui voulaient présenter des mémoires sur ce sujet, mais plutôt que de se prononcer et de choisir, elle se contenta de colliger les

---

51. Secrétariat de la Commission Bélanger-Campeau, *Analyse* pro forma *des finances publiques dans l'hypothèse de la souveraineté du Québec*, p. 492, cité dans *Finances d'un Québec souverain*, p. 11.

conclusions de tous ces rapports. Un Québec indépendant est-il viable? Toutes les réponses furent alignées: un peu, beaucoup, passionnément ou pas du tout...

Les études comptables: le ministère de la Restructuration

En 1994, dans le nouveau gouvernement du Parti québécois, je crée un ministère de la Restructuration chargé d'examiner les modifications qu'il faudrait apporter à l'administration publique québécoise advenant que, à la suite d'un référendum gagné, la souveraineté du Québec entre en vigueur. Parmi toutes les études qui ont été faites avec l'aide de l'Institut national de la recherche scientifique (INRS), un grand nombre de membres de la fonction publique et plusieurs consultants techniques extérieurs, trois portent spécifiquement sur les finances publiques: *L'état des finances publiques d'un Québec souverain*, *Le partage des actifs et des passifs du gouvernement du Canada* et l'*Étude sur la restructuration administrative d'un Québec souverain*:

> La première étude, réalisée par l'actuaire Claude Lamonde et Pierre Renaud de l'Institut national de la recherche scientifique Urbanisation, visait à établir les revenus et les dépenses du Québec souverain pour l'année 1993-1994. Elle reprenait la méthodologie utilisée lors de la Commission Bélanger-Campeau et se voulait un exercice neutre où aucune rationalisation ni aucun choix budgétaire n'était fait. Les auteurs de l'étude concluaient que «Un Québec souverain serait viable sur le plan des finances publiques.»
>
> L'étude *Le Partage des Actifs et des Passifs du gouvernement du Canada* des actuaires Claude Lamonde et Jacques Bolduc utilisait une méthode différente de celle établie par la Commission Bélanger-Campeau — les auteurs estiment que l'actif et le passif n'ayant pas été contractés à la même époque devaient faire l'objet

d'un traitement séparé. Cette étude concluait aussi qu'un Québec souverain était viable sur le plan des finances publiques.

Finalement, l'*Étude sur la Restructuration administrative d'un Québec souverain* s'avère être la plus complète jamais effectuée sur l'élimination des chevauchements et les gains d'efficacité possible avec la souveraineté. Les travaux effectués en collaboration avec l'ensemble des ministères avaient permis d'évaluer les économies annuelles à 2,7 milliards en 1995[52].

Il faut situer ces études de 1995 dans le contexte de l'époque. Le déficit, à Québec, augmentait rapidement au point qu'en 1994-1995, l'année où le Parti québécois reviendra au pouvoir, il atteindra, on l'a dit, le niveau record de presque 6 milliards de dollars. Le gouvernement fédéral, lui, fait au même moment de grands efforts pour réduire son propre déficit, souvent aux dépens des provinces. Il y a quand même moyen de s'assurer que la souveraineté du Québec permettra au nouveau gouvernement d'assurer les services que le gouvernement fédéral assurait jusque-là, ce qui ne veut pas dire, cependant, que la situation serait facile. La hausse accélérée de la dette fédérale, en particulier, accroît automatiquement la valeur de la part dont le Québec doit assurer le service.

Les études comptables : François Legault

C'est dans ce sens que le travail de François Legault tombe à point. En 2005, la situation financière a complètement changé. À Ottawa, les surplus se succèdent et la dette est ainsi substantiellement réduite. À Québec, les comptes sont équilibrés.

Voici comment M. Legault décrit la démarche qu'il a suivie :

En somme, l'étude constitue une mise à jour de l'*Analyse* pro forma *des finances publiques dans l'hypothèse de la souveraineté*

---

52. François Legault, *Finances d'un Québec souverain*, p. 12. Les trois études dont il s'agit ont été publiées en 1995 par les Publications du Québec dans la collection « L'Avenir dans un Québec souverain ».

du Québec effectuée en 1991 par le Secrétariat de la Commission Bélanger-Campeau. [...] L'étude effectue également une actualisation des travaux faits en 1995 par le Secrétariat de la Restructuration en ce qui concerne les économies dégagées à la suite de l'élimination des chevauchements. [...]
Compte tenu que la dernière édition des comptes publics du Canada porte sur l'année financière 2003-2004, la présente étude débute par une analyse approfondie des données fédérales de 2003-2004 afin d'établir les parts québécoises des revenus et des dépenses. Ensuite, les données sont ajustées pour 2005-2006 à la lumière des prévisions contenues dans le budget fédéral 2005 [...] Des prévisions pour les quatre années suivantes sont effectuées. [...] Des prévisions sur un horizon de cinq ans des revenus et des dépenses de la province de Québec seront présentées ainsi que celles des revenus récupérés d'Ottawa et des nouvelles dépenses assumées par un Québec souverain[53].

L'objectif et la méthode étant établis, les résultats ont été validés par des experts extérieurs et la collaboration des deux administrations à Québec et à Ottawa a été obtenue pour clarifier certaines questions. Les résultats désignent la différence entre les revenus que l'on récupère d'Ottawa et les dépenses que Québec doit engager pour maintenir les dépenses qu'Ottawa assume au Québec. On ajoute la part québécoise du service de la dette fédérale et on soustrait graduellement (sur trois ans) le coût des chevauchements, c'est-à-dire le coût des administrations dédoublées (deux déclarations d'impôts, par exemple, au lieu d'une seule). Les économies nettes que François Legault appelle la marge de manœuvre sont les suivantes (en millions de dollars):

2005-2006	1,324
2006-2007	1,503
2007-2008	2,843

---

53. *Ibid.*, p. 12-13.

| 2008-2009 | 3,638 |
| 2009-2010 | 4,500 |

Il apparaît clairement que la fusion des opérations du gouvernement du Québec et des opérations du gouvernement fédéral au Québec, est rentable et que l'avantage croît au fur et à mesure que le temps passe. Ces chiffres semblent considérables, mais il faut se rendre compte que le PIB (produit intérieur brut) du Québec en 2009-2010 dépasse 300 milliards de dollars.

L'art de la projection est, cependant, aléatoire. Le gouvernement fédéral qui, à partir de 1995 et pendant dix ans, a tellement réduit ses transferts aux provinces pour équilibrer son propre budget, commence à les relever substantiellement à partir de 2007-2008, si bien que la marge de manœuvre qu'on vient d'établir est en pratique disparue, toutes choses égales par ailleurs. Mais en 2008, le gouvernement fédéral a annoncé qu'il y aurait réduction substantielle de la péréquation payée au Québec à partir de 2010-2011. Un peu de marge réapparaîtrait donc.

Mais il y a plus important encore. La crise financière qui éclate en 2008 et la récession qui s'ensuit frappent l'économie de l'Ontario de façon bien plus aiguë qu'elles ne frappent celle du Québec, à cause, en particulier, de ce qui est arrivé à l'industrie automobile. Pour la première fois, le taux de chômage ontarien est plus élevé que celui du Québec[54]. Le gouvernement fédéral et ceux des deux grandes provinces ont annoncé des déficits budgétaires considérables et qui vont s'étaler sur plusieurs années. La dernière fois que le gouvernement fédéral a eu à faire face à un déficit substantiel, la réduction des transferts aux provinces a fait partie, on le sait, des moyens utilisés pour l'éliminer. Et l'admission de l'Ontario dans le club des provinces

---

54. Emploi-Québec, *L'emploi au Québec*, bulletin, janvier 2009, p. 24, <http://emploi-quebec.net/imt/emploi-au-quebec.asp>.

qui ont droit à la péréquation augmente les risques d'une réduction importante des transferts fédéraux au Québec.

Concluons. Ce ne sont pas des exercices comptables qui vont justifier que le Québec se sépare du Canada ou qu'il continue d'y appartenir. Ces exercices sont-ils alors futiles, inutiles ? Pas du tout, au contraire… Ils démontrent justement que la péréquation présentée comme un cadeau du Canada au Québec, perçu comme une province pauvre, pour lui permettre d'offrir à ses citoyens des services publics d'une qualité analogue à celles des provinces dites riches, est un leurre. Sans ces démonstrations comptables, on ne pourrait répondre aux arguments à l'effet que, sans le Canada, le Québec ne pourrait maintenir son niveau de vie.

C'est à cause de ces démonstrations arides et compliquées que, de temps à autre, des politiciens indiscutablement fédéralistes sont amenés à dire que le Québec a les moyens de devenir indépendant. Encore récemment, en Europe, le premier ministre du Québec, M. Jean Charest, s'est laissé aller avec candeur à une telle déclaration[55]. Le public ne s'y trompe pas non plus et tire de 35 ans de discussions souvent techniques, de ces « guerres de chiffres », selon l'expression consacrée, une impression qui se généralise petit à petit et qu'on peut résumer en une phrase simple : oui, c'est faisable. Quant à savoir si ce sera fait, les sondages du Bloc québécois auxquels j'ai consacré un précédent chapitre sont on ne peut plus clairs. La majorité, aujourd'hui, ne le croit pas.

On a fini par se lasser des exercices comptables et les objections ont changé de nature. On va chercher, dans des constatations qui se veulent objectives, des obstacles impressionnants ou susceptibles d'impressionner, de décourager ceux qui croient que l'indépendance du Québec est non seulement possible, mais souhaitable.

---

55. Voir *Le Devoir*, 7 juillet 2006, p. A3 ; *La Presse*, 8 juillet 2006, p. A2 ; 11 juillet 2006, p. A15.

Expansion ou déclin ? Les Lucides

Deux de ces constatations ont eu un impact particulier dans les médias. L'une peut s'exprimer brièvement de la façon suivante : la population du Québec est, avec celle du Japon, celle qui vieillit le plus rapidement. Alors qu'elle est actuellement d'un peu plus de 7,5 millions d'habitants, elle va dépasser 8 millions puis commencer à tomber. Dans 50 ans, elle sera à peine supérieure à ce qu'elle est aujourd'hui.

La seconde constatation peut s'exprimer ainsi : le Québec est la plus endettée de toutes les provinces canadiennes, plus aussi que tous les États américains. « Les huissiers sont à notre porte. »

Alors, un peuple dont la population tombe, qui est sur le bord de la faillite, et qui veut néanmoins créer son propre pays poursuit une chimère, un mirage. Heureusement, le Canada est là, on s'en rend compte tous les jours, pour soutenir un Québec défaillant.

Parmi tous les textes récents écrits par ceux que j'ai appelés les « déclinologues », le plus clair, le mieux charpenté est le mémoire intitulé *Pour un Québec lucide* et signé, entre autres, par un ancien premier ministre du Québec, le rédacteur en chef d'un grand quotidien et trois des économistes les plus connus du Québec[56]. Voici quelques extraits de ce texte dans l'ordre où ils apparaissent :

Page 2 : « Au plan financier, le gouvernement du Québec fait figure d'un lourd albatros qui ne peut pas prendre son envol, notre dette publique par habitant étant la plus élevée du continent. D'une part, le Québec s'apprête à vivre le déclin démographique le plus rapide de tous les pays industrialisés à l'exception du Japon... »

Page 3, « Rêver en couleur » : « D'autres sont prêts à reconnaître certains des problèmes que nous venons d'identifier — notre

---

56. Voir www.pourunquebeclucide.com.

relative faiblesse économique en Amérique du Nord, notre endettement public, notre déclin démographique, le défi asiatique. Mais ils croient et tentent de faire croire à la population qu'il existe des solutions faciles à ces problèmes, par exemple "régler le déséquilibre fiscal" [...] Autre solution mise de l'avant : la souveraineté du Québec. » Là-dessus, tous les signataires ne sont pas d'accord, mais cette section du texte s'appelle justement « Rêver en couleur ».

Page 4 : « Selon les projections de l'Institut de la statistique du Québec, le Québec comptera 7,8 millions en 2050, à peine plus de 300 000 personnes de plus qu'aujourd'hui. Aussi tôt qu'en 2012, il y aura de moins en moins de gens en âge de travailler, de moins en moins de jeunes et de plus en plus de personnes âgées. Cela voudra dire un peuple moins dynamique, moins créatif et moins productif [...] »

Page 6 : « D'ici quelques années tout au plus, nos rêves — en fait, pas les nôtres, mais ceux de nos enfants — seront brutalement interrompus par des coups sur la porte : les huissiers ! »

Étudiant à Londres, au début des années 1950, j'ai entendu une phrase qui m'a inspiré aussi bien comme économiste que comme politicien : « *Statistics are to politics what a lampost is to a drunkard. They are more for support than illumination* », c'est-à-dire : « La statistique est à la politique ce que le lampadaire est au soûlard : plus utile comme soutien que comme éclairage. »

Les projections de l'Institut de la statistique, dont les auteurs lucides se servent comme bien d'autres analystes et commentateurs, qui annoncent le déclin de la population québécoise, datent de 2003[57]. Comme toutes les projection démographiques, elles comportent trois éléments de base. D'abord, le taux de fécondité, c'est-à-dire le nombre d'enfants

---

57. Institut de la statistique du Québec, *Si les tendances se maintiennent*, Perspectives démographiques, Québec et ses régions 2001-2051, p. 8.

qu'en moyenne une femme aura au cours de sa période de fécondité. Si l'on ne tient pas compte de l'immigration et de l'émigration, pour qu'une population se maintienne au même niveau, il faut que les femmes aient en moyenne deux enfants (en fait, c'est un peu plus compliqué que cela et c'est un facteur de 2,1 qui est utilisé). Le deuxième facteur, c'est l'immigration nette. Pour le Québec, on additionne le nombre d'étrangers qui entrent moins les Québécois qui vont à l'étranger, et le nombre d'habitants d'autres provinces qui entrent, moins les Québécois qui quittent pour d'autres provinces. Le troisième facteur est l'espérance de vie à la naissance. Son allongement augmente la population totale.

La difficulté de prévoir l'avenir

L'Institut de la statistique du Québec présente trois projections basées sur des hypothèses de fécondité, d'immigration nette et d'espérance de vie à la naissance : une projection faible de la population totale, une projection forte, et une projection moyenne qui devient la projection de référence : en pratique, c'est celle dont tout le monde se sert.

La projection de référence de 2003 était basée sur un taux de fécondité de 1,5 (faible : 1,3, fort : 1,65), sur une immigration nette de 19 000 (faible : 3 000, forte : 35 000) et sur une espérance de vie de 80,9 années (pour les hommes) et 85,7 (pour les femmes) jusqu'en 2025 et respectivement de 84,5 et de 88,6 par la suite.

Les populations (en milliers d'habitants) sont alors les suivantes :

	Référence	Faible	Forte
Population 2001	7,387	—	—
Projection 2026	8,086	7,419	8,014
Projection 2051	7,832	6,324	9,031

Entre les projections faible et forte, l'écart est énorme. Presque 50 %. À moins d'avoir une thèse politique ou doctrinaire à défendre, il faudrait se méfier... Mais le dogme n'exprime pas de nuance. Si on veut démontrer que le Québec « s'en va chez le diable », on saute sur le scénario de référence, et on annonce la chute de la population avec tout ce qui en découle.

Le 15 juillet 2009, l'Institut de la statistique publie des nouvelles projections de la population québécoise, applicables à la période 2006-2056. Les politiques familiales que les gouvernements du Québec ont suivies, en particulier pour ce qui a trait aux garderies subventionnées et aux congés parentaux, ont des effets évidents sur le taux de fécondité. Une hausse d'immigration nette et une baisse de l'émigration interprovinciale augmentent de façon semble-t-il durable l'immigration nette, et l'espérance de vie à la naissance continue de croître.

Voici les nouvelles hypothèses et les nouvelles projections de la population[58] :

	Référence	Faible	Fort
Fécondité	1,65	1,50	1,85
Immigration nette	30 000	14 000	46 000
Espérance de vie H	85,5	83,0	88,0
F	89,0	86,3	90,5
Population projetée (2056) (en milliers d'habitants)	9 200	7 800	11 000

La situation est complètement modifiée. On ne peut plus parler d'une société qui s'apprête à disparaître ou à se dissoudre dans l'océan du monde anglo-saxon nord-américain.

Il reste un élément gênant, c'est cette espèce de record que partagerait le Québec avec le Japon de la rapidité de l'augmentation de

---

58. Dominique André, *Perspectives démographiques du Québec et des régions 2006-2056*, Institut de la statistique du Québec, 2009, p. 20.

la population âgée de plus de 65 ans. L'image a beaucoup circulé. Il faudra la corriger pour tenir compte des projections récentes ; cependant, il y a du vrai dans ce vieillissement rapide. Mais seulement pour les premières années (2001-2025). Cela reflète l'étonnante chute de la natalité qui a suivi le baby-boom de l'après-Deuxième Guerre mondiale. Pour la période 2025-2050, le taux de vieillissement au Québec est inférieur à celui de bien d'autres pays. « *Statistics are to politics…* »

En somme, comme tous les pays développés, le Québec a une population vieillissante. Bien sûr, comme la plupart des pays développés, le Québec n'a plus une natalité qui permette à la population de se maintenir et doit donc prendre les moyens pour favoriser la natalité et pour ouvrir les portes à une immigration suffisante pour assurer l'avenir. Bien sûr, il doit aussi assurer l'intégration de cette immigration pour que sa culture originale se maintienne. Ce sont là, cependant, des préoccupations universelles qui ne justifient en aucune façon l'alarmisme ambiant.

L'assainissement des finances publiques

Passons maintenant à la dette. Au début des années 1990, le Canada est, avec l'Italie, le cancre du G7 : d'énormes déficits annuels ont provoqué une enflure de la dette telle qu'en 1996, 38 cents de chaque dollar de revenu budgétaire vont au service de la dette, c'est-à-dire à payer des intérêts. Pourtant, en dix ans, le Canada va devenir le meilleur élève du G7, accumulera surplus budgétaire sur surplus budgétaire, et réduira sensiblement sa dette. En 2005, le service de la dette ne représente plus que 17 cents par dollar de revenu.

Une partie de ce remarquable rétablissement financier s'est faite, on l'a vu, aux dépens des provinces qui cherchèrent évidemment à se rattraper aux dépens des municipalités et des commissions scolaires. Mais on ne pouvait trouver dans les budgets de ces dernières ce qu'Ottawa avait coupé dans les transferts aux provinces.

Plusieurs provinces émergèrent de la récession de 1990-1991, avec des déficits assez importants et la ferme intention de rétablir les équilibres budgétaires le plus rapidement possible. Mais certaines de leurs dépenses augmentaient bien plus rapidement que leurs sources de revenus, la santé surtout et l'éducation. Elles ne disposaient pas, du côté de leurs revenus, de sources analogues à l'assurance-emploi qui s'est révélée une telle vache à lait pour Ottawa. On ne dira jamais assez à quel point la réduction radicale de l'accessibilité à l'assurance-emploi explique une part importante des surplus fédéraux. Le retour à l'équilibre des provinces sera par contre fragile et aléatoire[59].

Le fouillis des règles comptables

Au Québec, l'objectif va être le même, mais on va à l'origine se fixer des conditions draconiennes, inatteignables. Comme on l'a esquissé au chapitre V, on voudra atteindre le déficit zéro par le truchement de coupures de dépenses seulement ; il n'y aura pas d'augmentation d'impôts ; les investissements seront payés comptant. C'était impossible à réaliser, à moins de coupures aberrantes dont l'une consistait à supprimer le budget de construction de routes. De fait, certaines coupures radicales furent faites, dans le budget des hôpitaux en particulier, mais il fallut toucher aux impôts et modifier les règles comptables. Ainsi, on augmenta d'autorité les taxes scolaires pour permettre de réduire les subventions aux commissions scolaires. On cessa de comptabiliser les dépenses d'immobilisation dans le budget ; l'amortissement seul apparut comme dépense, le montant d'investissement étant directement inscrit à la dette. On inclut dans les revenus du gouvernement non pas seulement les paiements de dividendes par Hydro-Québec, mais la totalité de ses profits, ce qui, à partir de ce moment, transforma les tarifs d'électricité en moyen d'équilibrer le budget gouvernemental.

---

59. L'Alberta fait exception, à cause de ses revenus de pétrole et de gaz.

Mais on ne toucha pas à la dette d'Hydro-Québec, pourtant garantie par l'État. Cela n'a l'air que d'un autre truc comptable, mais a de sérieuses conséquences sur la comparaison des dettes du Québec et de l'Ontario… Ainsi, à la fin de 2007, le secteur électrique de l'Ontario et Hydro-Québec avaient une dette à peu près du même ordre : une trentaine de milliards de dollars. Mais l'actif d'Hydro-Québec valait 60 milliards et celui du secteur électrique ontarien était d'environ 23 milliards, donc inférieur à la dette.

Le bilan d'Hydro-Québec réduit donc la dette nette totale du Québec de 30 milliards, et celui du secteur électrique de l'Ontario augmente celle de la province voisine de 7 milliards. Néanmoins, on ne tient pas compte de ces chiffres pour établir la dette des gouvernements[60]. Sauf, évidemment, quand on va voir les analystes de Moodys ou de Standard and Poor's.

Une fois ouverte la porte des changements dans les conventions comptables, il ne sera plus facile de la refermer. La valse des « normes comptables généralement reconnues » ne s'est pas arrêtée. Elle a donné lieu, parfois, à d'âpres conflits entre le ministère des Finances et le vérificateur général. On a vu le ministère affirmer qu'aux fins de la Loi sur l'équilibre budgétaire, les comptes de 2005-2006 montraient un surplus de 192 millions alors que le vérificateur général soutenait qu'il y avait un déficit de 5,2 milliards[61].

Les débats ont été particulièrement aigus à propos du passif au titre des retraites des fonctionnaires. Pendant longtemps, les cotisations des fonctionnaires pour leurs pensions étaient considérées comme revenus courants du gouvernement et les

---

60. Les données sont tirées du *Rapport annuel de la Société financière de l'industrie de l'électricité de l'Ontario*, et pour Hydro One et Ontario Power Generation, les bilans apparaissent dans les comptes publics de l'Ontario.

61. Vérificateur général du Québec, *Rapport spécial à l'Assemblée nationale concernant la vérification des états financiers consolidés pour l'année terminée le 31 mars 2006*, p. 34-35.

pensions payées, comme dépenses. Tant que, pendant la Révolution tranquille, on embauchait bien plus de fonctionnaires que l'on en envoyait à la retraite, tout allait bien. Mais un jour viendrait où la situation pourrait se renverser. En 1972, M. Raymond Garneau, alors ministre des Finances, crée un fonds de retraite pour tous les nouveaux employés du secteur public (le RREGOP); les cotisations des employés et celles de l'État seraient versées et investies à la Caisse de dépôt et placement de façon à ce qu'on puisse faire face aux engagements à venir. Il restait à faire quelque chose pour les anciens fonds de fonctionnaires et d'enseignants où les déficits actuariels étaient énormes. Dans mon premier discours du budget en 1977, j'annonçai qu'on imputerait dorénavant comme dépenses l'amortissant du déficit actuariel de ces vieux fonds et les intérêts qui en découleraient. Aucune autre province n'avait alors procédé pour faire face à ses engagements actuariels. M. Garneau et moi ouvrirons la voie.

Les débats avec les vérificateurs autour de la « formule québécoise » durèrent des années. Les vérificateurs finirent, comme ils en ont l'habitude, par gagner. La victoire fut consommée en 1997 quand, à l'occasion d'une vaste réforme comptable, on ajouta à la dette du Québec, qui telle que calculée à l'époque était de 78 milliards de dollars, 20 milliards dont 15 pour les retraites. D'autres changements furent par la suite apportés, de moindre ampleur. Une nouvelle réforme comptable eut lieu en 2007, cette fois l'accent portant sur l'intégration des finances des commissions scolaires et des services de santé. Là encore, on ajouta plus de 20 milliards à la dette.

Je passe rapidement sur l'absorption dans les comptes du gouvernement du Québec de la Commission de la santé et de la sécurité du travail, expulsée quelques années plus tard.

Après tous ces tripotages, l'analyse de la dette québécoise et les comparaisons qu'on peut en faire sont périlleuses. Certains tableaux comparatifs sont étranges. Ainsi, dans le plan budgétaire du ministère des Finances de 2009-2010, on constate que le passif au titre des régimes de retraite ajoute 30 milliards à la dette du Québec, et 14 milliards pour toutes les autres provinces ensemble… En Ontario, il n'y a pas de passif, mais un actif de 3,7 milliards[62].

Le débat sur la dette

Pour toutes ces raisons, il ne faut pas s'étonner que le débat sur la dette soit devenu tellement strident au Québec. Il a vraiment commencé quand, à la suite de la réforme comptable de 1997, la dette a atteint 100 milliards. Dans les années qui ont suivi, on n'a pas réussi à expliquer pourquoi, alors que le déficit était de zéro, la dette continuait de monter. Puis, alors qu'elle approchait de 120 milliards en 2006, elle monte l'année suivante à 143 milliards[63]. Devant l'énormité du montant, les documents budgétaires nous indiquent que maintenant, la « nouvelle » mesure favorite de la dette serait celle qui représente les déficits cumulés. Le montant tombe sous la barre des 100 milliards. Comme l'Ontario et l'Alberta ont fait de même, ce doit être très bien[64].

Ces manipulations finissent par avoir un effet non seulement sur les commentaires des journalistes et les réactions du public, mais aussi sur ceux qui définissent les politiques et prennent les décisions. Deux ministres des Finances se sont servis de l'expression « les huissiers sont à notre porte ». S'ils le croyaient vraiment, quelle influence cette conviction a-t-elle eue sur la préparation de leurs budgets ?

Le gouvernement du Québec, les commissions scolaires, les municipalités, les sociétés d'État (Hydro-Québec en particulier), les hôpitaux et les universités sont, financièrement, comme des vases communicants. On peut augmenter les revenus des uns

---

62. Québec, ministère des Finances, plan budgétaire 2009-2010, p. D14.

63. *Ibid.*, p. D11.

64. *Ibid.*, p. D14, note du tableau.

en réduisant les ressources des autres. C'est le gouvernement qui déterminera le partage entre chacune des parties du secteur public québécois. D'une province à l'autre, les partages sont faits différemment. Selon la façon dont les déficits sont répartis, les emprunts sont répartis aussi. L'important, au bout du compte, c'est que l'ensemble des emprunts du secteur public ne sert qu'à payer des investissements du secteur public et non pas les dépenses courantes, c'est-à-dire l'épicerie. Emprunter pour investir et pour construire, c'est tout à fait normal[65].

Les comparaisons de l'OCDE : le Québec normal

Depuis 30 ans au moins (à ma connaissance), les documents budgétaires présentaient face à face le tableau des emprunts et celui des investissements du secteur public. Il devenait difficile, depuis plusieurs années, de justifier que « les huissiers étaient à notre porte ». La situation était trop normale. En 2003-2004, les emprunts du secteur public ne représentaient que 48 % des investissements, c'est-à-dire que plus de la moitié était financée avec des revenus courants. La situation devenait intolérablement normale. La décision fut donc prise de supprimer, dans les documents budgétaires, le tableau des investissements du secteur public. On ne maintient que celui des emprunts. On ne peut plus alors constater à quel point le Québec est normal. « *Statistics are to politics…* »

Sur le plan international, cependant, comment le Québec et le Canada se comparent-ils aux autres pays ? La meilleure base de comparaison dont on dispose est celle de l'OCDE. Elle regroupe les pays les plus industrialisés. La méthode établie pour procéder aux comparaisons de l'endettement public consiste à regrouper l'ensemble du secteur public de chaque pays, y compris les régimes publics de retraite (comme la

---

65. Bien sûr, en période de récession, on peut avoir à emprunter pour payer l'épicerie. Il faut alors rembourser quand la prospérité revient.

Régie des rentes), mais pas le passif des régimes de retraite des employés de l'État. Les actifs sont soustraits des passifs[66]. Les résultats disponibles sont ceux de 2006, donc avant que la crise financière et économique ne change la donne.

Pour harmoniser les données du Québec avec celles de l'OCDE, il faut supposer qu'il est déjà indépendant, et donc qu'il assume déjà sa part de la dette fédérale[67]. Pour le reste, on applique aux données québécoises la même technique de calcul dont s'est servie l'OCDE. Les résultats sont les suivants :

	Endettement public net 2006 (en % du PIB)
Allemagne	60,2
Moyenne de l'OCDE	46,9
États-Unis	46,5
Royaume-Uni	43,4
France	43,4
Québec	30,9
Canada	20,0

On voit bien à quel point le redressement financier du Canada a été spectaculaire. Il continuait d'ailleurs de s'améliorer. L'année précédente, le pourcentage était de 29,9 %, et, pour 2007, l'OCDE prévoyait 15 %. Il est certain que la crise récente va augmenter les pourcentages, mais cela est vrai pour les autres pays aussi.

Le Québec est sûrement plus endetté que le Canada, mais sa cote est tellement inférieure à la cote moyenne de l'OCDE que l'on ne voit vraiment pas ce qu'il peut y avoir d'inquiétant. On arrive donc à une situation paradoxale. Comme province, le Québec est l'objet de toutes espèces d'inquiétudes, exagérées sans doute, démagogiques même, mais qui ont des effets indiscutables sur

---

66. Base de données des *Perspectives économiques de l'OCDE*, n° 82.

67. Le partage a été fait selon la méthode proposée par la Commission Bélanger-Campeau.

la façon dont les gouvernements voient le présent et craignent l'avenir. Comme pays, le Québec n'a pas de raison particulière de s'inquiéter ou d'être inquiété.

Chapitre VIII

L'État du Québec

L'indépendance du Québec, on ne cessera de le répéter, c'est la capacité pour les Québécois de déterminer leurs lois, leurs impôts et les traités qui les lient aux autres pays. Dans un État très centralisé, il assume ces trois fonctions entièrement en laissant aux organisations locales (municipalités, commissions scolaires, régions, etc.) la gestion au jour le jour des politiques et des programmes qu'il établit. Dans une fédération, chacune des parties dispose, au moins théoriquement, de champs de compétence dans lesquels sa souveraineté peut s'exercer. Dans un État unitaire, tous les pouvoirs locaux ou régionaux sont des pouvoirs délégués que l'État peut changer comme il l'entend. Il y a plusieurs degrés de délégation. On délègue l'exécution des choses à faire : c'est la déconcentration. Ou bien on délègue le pouvoir de décider, d'embaucher, de taxer, le pouvoir de dessiner le programme, à l'intérieur de normes plus ou moins rigides établies par le gouvernement : c'est la décentralisation. Il y a une infinité de formes de déconcentration comme de décentralisation. C'est pour cela que l'utilisation immodérée que l'on fait de ce mot en dilue la signification. Tant qu'on ne sait pas de quoi il s'agit, l'abstraction n'a pas beaucoup de sens. Les Québécois dénoncent souvent le degré de centralisation du gouvernement fédéral. Et pourtant, sur le plan fiscal, la fédération canadienne est une des plus décentralisées qui soient, alors que, sur le plan juridique, c'est le contraire. Dans ce domaine, les mots restent des abstractions tant qu'on n'a pas décrit précisément de quoi on parle. J'essaierai donc d'être très concret.

D'autre part, un bon nombre de questions que je vais aborder ici vont relever de l'assemblée constituante. Il y aura, j'en suis sûr, bien des points de vue qui s'exprimeront sur l'organisation de l'État et je ne sais évidemment pas comment les questions seront tranchées. Voici, en tout cas, mon point de vue sur quelques-unes de ces questions.

Quel régime choisir?

En premier lieu, il faut discuter du genre de régime politique que l'on veut pour le Québec. Commençons par le commencement. Un Québec indépendant restera-t-il une monarchie constitutionnelle ou deviendra-t-il une république? La question appelle, je pense, une réponse claire. Les Québécois n'ont pas la fibre monarchique. Le passage à la république se fera, je pense, sans heurts comme si cela allait de soi, ce qui veut donc dire que le représentant de la reine sera remplacé par un président.

Cela nous amène à une question plus compliquée. Quel régime politique adopter? Il y a trois régimes avec lesquels les Québécois sont familiers (à des degrés divers). D'abord, le régime britannique, que nous connaissons depuis qu'une forme de régime parlementaire nous a été imposée en 1791. Ce régime a évolué comme celui de Londres et, encore aujourd'hui, il reste voisin de celui de l'ancienne puissance coloniale. Le roi (président dorénavant) règne mais ne gouverne pas: c'est le chef du parti qui a le plus grand nombre de députés qui gouverne. Dans le régime américain, le président a, au contraire, les pouvoirs de la direction: il gouverne. Ses pouvoirs semblent immenses mais, en fait, sont équilibrés par ceux du Congrès. Il n'y a pas de premier ministre et le Conseil des ministres est nommé par le président en dehors des membres du Congrès et relève de lui. La présidence à la française est une sorte de compromis entre les deux premiers. Un premier ministre et un Conseil des ministres choisis parmi les élus responsables devant l'Assemblée nationale, rapprochent formellement ce système du régime britannique. Mais le président joue un rôle majeur plus proche du système américain. La défense nationale et les relations internationales relèvent de lui et il peut à sa guise changer de premier ministre ou dissoudre le Parlement.

Autrefois, les souverainistes ont beaucoup discuté de ces questions. Le système français, en particulier, symbolisé par la grande figure du général de Gaulle, exerçait beaucoup d'attrait, alors que le seul fait qu'on désigne notre vieux système comme britannique lui donnait comme quelque chose de péjoratif.

Les années ont passé. Je pense que les Québécois qui s'intéressent à ces choses sont plus portés à corriger le système dans lequel ils vivent que le changer. Et quant à moi, je pense depuis toujours qu'un régime imparfait qu'on connaît bien et qu'on peut amender vaut mieux que la recherche d'une perfection que l'on prend des années à apprivoiser. Les Français ont montré, à cet égard, une remarquable versatilité. Depuis 1791, ils ont réussi à passer à travers cinq républiques, deux empires et deux monarchies. Cela leur donne une capacité d'adaptation que nous ne pourrons jamais imiter. Aussi bien rester avec ce que l'on connaît.

Ce qui ne veut pas dire qu'il ne faut pas l'améliorer. C'est ainsi que les pressions se font très fortes pour introduire une part au moins de proportionnelle dans l'élection des députés. Notre système d'élection uninominale à un tour implique que celui qui obtient le plus de voix est élu même si ces voix, à cause du nombre de candidats, ne représentent que, par exemple, 35 % des suffrages exprimés. On a connu dans le passé des résultats aberrants. Ainsi, en 1973, le Parti québécois a obtenu 30 % de tous les votes exprimés, mais seulement 6 sièges sur 110 et devenait en outre l'opposition officielle.

La proportionnelle

De telles aberrations sont propres à notre système de scrutin. On peut les éviter en adoptant le scrutin proportionnel. Cela fonctionne de la façon suivante. Chaque parti présente une liste de candidats aux, disons pour simplifier, 100 sièges de l'Assemblée nationale. Un des partis obtient disons 15 % des votes. Il obtient alors 15 députés, soit les 15 premiers noms sur sa liste et ainsi de suite pour les autres partis. Le système est tout à fait juste. Il favorise évidemment la multiplication des partis. Si un mouvement pour la protection du canari obtient 2 % des voix, il a deux sièges. Cela peut évidemment provoquer une incroyable instabilité des gouvernements, des alliances entre les partis devant constamment êtres refaites dès qu'un ou deux partis se retirent et que le gouvernement tombe.

On corrige cela en établissant une règle en vertu de laquelle il faut, pour participer au partage, obtenir un pourcentage minimum des voix, par exemple 5 %.

Cela étant dit, le système de la proportionnelle enlève toute capacité à l'électeur de voter pour «son» député. Ce n'est pas rien. En 1984, M. René Lévesque avait demandé à un groupe de ministres d'examiner la question du système de scrutin. Nous avions été très surpris de voir à quel point les électeurs considéraient comme un droit important celui de voter pour une personne, et pas simplement pour un parti. Bien sûr, on peut en partie corriger la situation en établissant des listes régionales et en répartissant les sièges de députés, en fonction de la performance de chaque parti dans chaque région. Mais cela ne satisfait pas vraiment l'électeur qui veut juger «son» député.

Et puis finalement, le scrutin de liste présente un inconvénient majeur, rédhibitoire, à mon sens. Il laisse entre les mains du secrétaire général ou du chef, selon le cas, la fabrication de la liste, donc la désignation des députés. C'est en fait la dictature du parti. Le candidat qui manifeste une grande liberté d'esprit n'aura jamais une bonne place sur la liste. Le secrétaire général du parti remplace l'électeur.

Il faut dire aussi que l'électeur n'a pas toujours raison. Les partis politiques qui se veulent démocratiques font souvent désigner leurs candidats par les membres des associations de comtés. Cela veut dire invariablement que le secrétaire du député qui, pendant disons 15 ans, s'est dévoué au service de la « cause », qui connaît tout le monde et contrôle les listes de membres, a une longueur d'avance sur le candidat, éminemment ministrable, de premier ordre, mais qui, n'ayant pas les moyens de démissionner de son poste six ou huit mois avant l'élection pour se consacrer à sa campagne auprès des membres, a toutes les chances de se faire battre par un apparatchik qui a la moitié de son âge et aucune notoriété. Cela m'est assez souvent arrivé, comme chef de parti, et c'est pour cela que j'ai beaucoup d'admiration pour la formule que les Allemands ont mise au point après la Deuxième Guerre mondiale, que, 60 ans plus tard, ils continuent de pratiquer et qui a souvent été imitée.

Transposée dans le Québec d'aujourd'hui, voici par exemple comment la formule pourrait fonctionner. Des 125 membres de l'Assemblée nationale, 75 pourraient demeurer des députés de comtés. Les frontières des circonscriptions électorales pourraient être, par exemple, celles qui s'appliquent aux élections fédérales, sujettes à des ajustements en ce qui a trait aux Îles-de-la-Madeleine et à l'Ungava.

Cinquante sièges seraient répartis selon la proportionnelle régionale. Les partis pourraient ainsi désigner chacun quelques-uns des candidats qu'il leur paraît important de faire élire et, quant aux petits partis que le système actuel condamne à ne siéger à l'Assemblée nationale que par hasard, la formule leur permettrait une présence, si tant est qu'ils atteignent régionalement un pourcentage à définir des votes exprimés. Il ne faut pas s'étonner que l'on se sente contraint par le nombre de 125 sièges. C'est la capacité maximum du local actuel de l'Assemblée nationale. Toute augmentation du nombre de députés impliquerait la construction d'un nouvel immeuble, ce qui serait difficile à justifier.

Une seconde assemblée? Celle des régions?

Un Québec indépendant aurait-il une seule assemblée? Le Canada a toujours eu, en plus de la Chambre des communes, un Sénat. Un grand nombre d'États ont deux assemblées. L'une a le pouvoir décisionnel, c'est l'organisme essentiel, l'expression de la volonté populaire, l'autre n'a souvent pas d'autre pouvoir que de proposer des amendements et de retourner les projets à la première Chambre, mais sans pouvoir au bout du compte bloquer l'expression de la volonté populaire. C'est, dit-on en anglais, la Chambre des *Sober Second Thoughts*. Dans les systèmes politiques inspirés du régime britannique, cette seconde Chambre n'est pas élue, mais nommée. Au Canada, c'est le Sénat. Trop souvent composées d'organisateurs politiques ou d'amis des régimes en place, ces deuxièmes Chambres ont été petit à petit déconsidérées. Dans d'autres pays, où la seconde Chambre a été élue au suffrage universel, l'histoire a été différente. De toutes les formules utilisées, celle qui me paraît la plus intéressante consisterait à faire de cette seconde Chambre, l'Assemblée des régions. Le formidable développement des grandes agglomérations urbaines, le danger de désertification du territoire rural ou forestier, rendent éminemment utile que, tout en reconnaissant la primauté de l'Assemblée nationale et de la nécessité de traiter sur le même pied tous les citoyens du pays, on puisse évaluer l'impact des lois et des programmes budgétaires sur les régions. Cela me paraît sage. Il faut maintenir l'équilibre des régions, de Québec et de Montréal, mais sans que l'expression de la volonté populaire ne soit bloquée.

Si on s'inspire d'exemples étrangers, on se rend compte que bien des formules sont possibles. L'Assemblée constituante aura à trancher entre toutes ces formules. Pour lancer le débat, je me permets de faire une suggestion.

Une seconde Chambre, qui pourrait s'appeler l'Assemblée des régions, serait constituée d'un nombre de représentants égal à celui des députés élus directement par les comtés, soit 75. Montréal aurait moins de sièges que la population de l'île le justifierait, en tout cas, pas plus que le quart des sièges. Les plus petites régions auraient un nombre minimum assuré de sièges, par exemple trois ou quatre. Tous les membres seraient évidemment élus.

Cette assemblée aurait à examiner l'impact régional de la législation et du budget. Elle aurait le pouvoir de proposer des amendements à l'Assemblée nationale sur tout ce qui a un impact régional, mais un pouvoir de *veto* sur certaines dispositions essentielles à la vie des régions, par exemple, les budgets des universités autres que celles de Montréal et de Québec, en raison de l'impact grandissant de la recherche sur la croissance régionale, et, comme autre exemple, la répartition du budget de production de la radio et de la télédiffusion régionale. On peut examiner bien d'autres exemples du même ordre, quand on verra, un peu plus loin dans ce chapitre, ce qui me paraît inévitable comme accroissement des pouvoirs et des ressources des autorités locales et régionales dans un Québec indépendant.

Il faudrait élaborer des mesures de transition. Ainsi, il serait utile de profiter de l'expérience acquise par les députés du Québec élus à Ottawa dans des domaines où souvent, l'Assemblée nationale a peu ou pas de compétence. On pourrait sans doute faire de ces députés les premiers membres de l'Assemblée des régions puis, à la première élection générale qui suivra, laisser chacun se présenter comme candidat à l'Assemblée de son choix. Ce n'est évidemment qu'une suggestion parmi d'autres.

L'important dans cette opération, c'est que l'on atténue l'opposition entre Montréal et le reste du Québec, que les régions éloignées soient moins obsédées par le danger de perdre leurs jeunes et donc leur substance, qu'en tout cas, elles soient davantage capables de s'affirmer. C'est là un problème fréquent à notre époque. Tous les pays petits (par leur population) cherchent à équilibrer la grande ville qui leur sert de capitale ou de métropole et les régions. Le rééquilibrage auquel je fais allusion n'exige pas que le Québec soit indépendant. En fait, rien n'empêche que le Québec d'aujourd'hui se donne une constitution en vertu de laquelle il s'accorderait une seconde Chambre. D'ailleurs, il en eut une jusqu'en 1968 : le Conseil législatif. C'était l'équivalent provincial du Sénat fédéral. On avait le pouvoir de le réformer. On décida de le supprimer. En fait, le Québec d'aujourd'hui peut se donner, comme province, une constitution à la condition qu'il ne touche pas au poste de lieutenant-gouverneur, donc à la monarchie.

Il est évident, cependant, que si on décidait aujourd'hui de se doter d'une deuxième Chambre, certains des pouvoirs auxquels on vient de faire allusion ne pourraient être exercés. C'est ainsi, par exemple, que la radio et la télévision resteraient de juridiction fédérale. La Constitution canadienne resterait ce qu'elle est.

La tentation de centraliser

L'indépendance du Québec va faire apparaître une situation financière tout à fait nouvelle. Après un référendum gagné, parmi la multitude de décisions que le gouvernement va avoir à prendre, quelques-unes, d'ordre financier, vont être spectaculaires. Ainsi, tous les employeurs seront avisés qu'à partir d'une certaine date, les retenues d'impôts à la source devront être envoyées à Québec plutôt qu'à Ottawa. De même, les versements de TPS seront dorénavant gardés à Québec. En fait, tous les impôts et taxes que les Québécois payent actuellement à Ottawa seront dorénavant payés à Québec. Les revenus budgétaires seraient presque doublés[68]. Il va de soi que Québec assumerait, au départ, les dépenses qui sont faites aujourd'hui par Ottawa.

---

68. Les transferts venant du gouvernement fédéral seraient évidemment annulés.

Les taxes municipales et scolaires ne représenteraient plus qu'environ 10 % des revenus du secteur public. Le Québec deviendrait un pays centralisé. Le gouvernement serait responsable d'à peu près tout. C'est sans doute excellent pour l'exercice de la démocratie en ce sens que le citoyen, l'électeur, saura en tout temps qui est responsable de quoi. Ce qui aujourd'hui n'est pas le cas. Le palier fédéral et le palier provincial se livrent une telle concurrence, une telle surenchère, sur tellement de programmes que, finalement, il devient impossible de partager les responsabilités aussi bien de ce qui va bien que de ce qui va mal. Et, bien sûr, tellement d'opérations sont dédoublées que le gaspillage de fonds se chiffre par milliards de dollars, comme on l'a vu au chapitre précédent.

Il n'en reste pas moins qu'un gouvernement qui fait presque tout est inefficace. S'il doit tout gérer, il gérera mal et même très mal. Nous avons déjà tendance, au Québec, à rendre le ministre responsable des moindres choses. Il suffit de suivre pendant quelques jours la période de questions à l'Assemblée nationale pour se rendre compte à quel point les débats sont encombrés de détails qui ne devraient jamais monter si haut. Tout se passe comme si le maire, le chef de police, le directeur d'école, le directeur d'hôpital, n'étaient que des étapes qui mènent, souvent au député, mais, au bout du compte, au ministre ou, s'il est inaccessible, à l'une de ses émanations.

On ne changera pas la nature humaine. Il faut, évidemment, s'en accommoder, mais il faut, lorsqu'il s'agit d'organiser un État, chercher une formule qui donne quelque assurance d'efficacité, et l'efficacité se mesure par la qualité et la rapidité avec lesquelles sont fournis des services à la population.

Que doit-on décentraliser ?

Il faut que ce débat ait lieu. Jusqu'ici, chaque fois qu'on en parle, il s'agit invariablement d'éléments marginaux. La province a déjà de sérieuses difficultés à équilibrer ses finances et n'a pas ou peu d'argent à transférer aux autorités locales, elle ne peut leur transférer que des responsabilités très restreintes. Le citoyen s'en rend compte rapidement si le gouvernement, plutôt que d'augmenter ses impôts, « décentralise » des responsabilités substantielles et force ainsi les municipalités à augmenter leurs taxes foncières.

Dans le Québec-pays, la situation est complètement transformée. L'État doit assumer des responsabilités nationales par définition, telles les relations internationales, la défense nationale et la sécurité intérieure. Ses ressources, on l'a vu, augmenteront beaucoup. Il lui est donc possible de transférer au niveau local des responsabilités locales et les ressources équivalentes. En plus des écoles primaires et secondaires, par exemple, les CLSC, les centres d'hébergement et de soins longue durée, le logement social, les sports, les manifestations culturelles... La liste peut s'allonger. La décentralisation peut être, pour certains services, intégrale, le gouvernement se contentant d'établir les normes, les standards, de surveiller la qualité des formations et celle des services, mais ne gérant pas. Elle peut n'être que partielle : c'est ainsi, par exemple, que l'on peut décentraliser les négociations collectives des enseignants ou du personnel hospitalier, sauf en ce qui a trait aux échelles de rémunération et autres clauses monétaires majeures.

Il est évident, d'autre part, que tout accroissement des ressources financières des municipalités et des régions va entraîner la multiplication des initiatives de développement économique, d'incitation à l'investissement et de promotion industrielle.

Le transfert des ressources ne prend pas nécessairement la forme de subventions des gouvernements aux autorités locales. À partir du moment où le gouvernement du Québec va contrôler la part fédérale de l'impôt sur le revenu, intégrer à la taxe de vente du Québec la totalité de la TPS, il faut bien réduire substantiellement le taux d'impôt et celui de la TVQ, de façon à ce que les autorités locales puissent établir leur propre taux d'impôt sur le revenu et de la taxe de vente. Il n'y a rien de surprenant à cela. Aux États-Unis, dans plusieurs États, les municipalités ont le droit de déterminer leur propre taux d'impôt et d'établir une taxe de vente. Elles sont nombreuses à se prévaloir de ce droit. C'est ainsi que la ville de New York a un impôt sur le revenu progressif qui ne dépasse pas 4 %, mais une taxe de vente de 4,5 %[69]. Beaucoup de villes ont établi une taxe de vente plus faible (1 ou 2 %) pour éviter de chasser les acheteurs vers les villes voisines.

Une autre formule consiste à réserver à toutes les municipalités une partie définie de la taxe de vente. Et comme il y a des villes riches où la taxe de vente rapporte beaucoup et des villes moins riches où elle rapporte moins, une formule de péréquation peut égaliser le produit de la taxe. Formule compliquée ? Peut-être, mais elle a été longtemps en vigueur au Québec avant 1980.

Que ce soit comme président de la Commission d'étude sur l'avenir des municipalités ou comme président du Parti québécois, j'ai toujours eu beaucoup de difficultés à amener les maires à discuter de ces questions. Probablement parce qu'ils ne voient là que quelque chose de théorique, d'irréaliste. Tant qu'un référendum n'aura pas été gagné, j'imagine qu'il sera toujours difficile de les intéresser à ces discussions. Mais dès que l'exercice deviendra crédible, on va se rendre compte de la multitude de formules de décentralisation, de partage des responsabilités et des ressources qui existent aujourd'hui à travers le monde. Une constatation, en tout cas, s'impose. Dans les pays traditionnellement les plus centralisés, comme la France, il est remarquable à quel point la décentralisation s'est propagée depuis une vingtaine d'années. De temps à autre, des échos nous parviennent de ce mouvement. C'est ainsi qu'on a fait grand cas du fait que,

---

69. New York State Department of Taxation and Finance.

dans des pays scandinaves dont la population est du même ordre que celle du Québec, le nombre de fonctionnaires du ministère de l'Éducation est de 200 ou 300. Cela nous paraît inouï, avec nos 1 500 bureaucrates du savoir, mais pourtant cela correspond à une tendance forte, lourde, de rapprocher les administrations des administrés, ce qui, après tout, n'est peut-être que l'expression du sens commun.

Villes ou régions ?

Jusqu'ici, je n'ai pas été très précis ou très clair par ce que j'entends par les autorités locales. C'était à dessein. Nous qui, au Québec, sommes intéressés par les structures, nous les avons beaucoup modifiées depuis la Révolution tranquille sans cependant jamais clarifier le rôle des régions, alors qu'au contraire, on accordait aux municipalités une attention à certains moments presque obsessionnelle.

Les régions ont été créées en 1965 et les capitales régionales, désignées. Cela s'est fait à une époque où la planification à la française impressionnait beaucoup et où nous n'avions pas encore compris que, lorsqu'on ne dispose que de la moitié des ressources publiques et que les grandes entreprises se sentent relever d'un autre gouvernement, la planification est un leurre. En tout cas, l'exercice de 1965 a eu comme conséquence de servir, jusqu'à un certain point, de guide pour l'implantation des administrations publiques relevant de Québec, ce qui n'était pas inutile.

Plusieurs des régions administratives correspondaient à des régions dont les habitants partageaient un véritable sentiment d'appartenance. C'était le cas, entre autres, de l'Abitibi-Témiscamingue, du Saguenay–Lac-Saint-Jean, du Bas-du-Fleuve et de la Gaspésie... Dans d'autres cas, l'appartenance collective était moins nette, mais suffisante pour que la décision administrative aide à accentuer la cohésion, comme ce fut le cas de l'Estrie et de la Mauricie. C'est dans les environs de Montréal que la définition des régions comporta une bonne marge d'arbitraire. On aurait pu découper le territoire par régions concentriques autour de l'île de Montréal plutôt qu'en pointes de tarte qui commençaient dans les banlieues-dortoirs et rejoignaient les régions forestières du Nord.

Mais tout cela s'est estompé avec le temps. Certains changements ont été apportés. C'est ainsi que la Gaspésie a été séparée du Bas-du-Fleuve. Dans l'ensemble, cependant, la structure a tenu et, petit à petit, l'administration s'est adaptée au découpage. Des structures régionales sont apparues dans les services de santé, les Conseils de la culture, etc.

Aucune structure politique n'est cependant venue chapeauter la région, alors qu'au contraire, au niveau municipal, la structure politique a rapidement évolué. Déjà, les communautés urbaines avaient regroupé les municipalités des grands centres et prenaient en charge des responsabilités communes. La création des municipalités régionales de comté (MRC) en 1979 représente un grand changement, en ce sens que, d'une ancienne structure de comté tombée en désuétude, on va faire un instrument efficace et moderne d'aménagement du territoire. Tous les maires des municipalités d'une MRC en sont les membres et élisent parmi eux un préfet. Ils se partagent le coût des initiatives qu'ils décident de prendre. Un instrument financier destiné à appuyer la petite entreprise a été mis à leur disposition : les sociétés locales d'investissement dans le développement de l'emploi (SOLIDE). Le découpage de certains services publics a été calqué sur celui des MRC. Ainsi, les frontières des territoires des CLSC sont les mêmes que celles des MRC, même si l'autorité reste au niveau de l'agence régionale et du ministère de la Santé et des Services sociaux.

Quels pouvoirs donner aux régions ?

On se rend donc compte que l'accent est encore mis sur l'autorité locale, municipale (intensifié encore par le processus des fusions) et jusqu'à un certain point scolaire, alors que la région ne dispose pas encore des attributs d'un véritable gouvernement.

Cela crée un problème quant à savoir à qui les transferts des ressources, des champs d'impôts et des responsabilités doivent être faits. Cette question va inévitablement provoquer beaucoup de discussions, surtout si l'idée d'une Assemblée des régions est retenue. Si ceux qui y règnent ont effectivement des droits décisionnels sur les questions comme la radio et la télédiffusion régionales ou les budgets des universités régionales, il faudra créer des administrations, des organes décisionnels et donc une structure politique à qui l'administration rendra des comptes. Il faut faire attention de ne pas suradministrer le nouveau Québec.

À mon sens, et je reconnais volontiers que cela puisse être discutable, la structure municipale doit continuer à être privilégiée. Ce sont les maires qui font fonctionner les régions, avec l'aide sans doute de représentants de la société civile.

Cela implique pour fonctionner correctement deux conditions qui me paraissent fondamentales. La première, c'est qu'une part substantielle des ressources prenne la forme de taxation plutôt que de subventions, le gouvernement québécois déterminant à l'avance l'étendue des reculs de sa propre taxation. D'autre part, il faut que, dans le respect des normes et standards établis par l'État, la ville puisse prendre l'initiative ou la refuser, définir les programmes, déterminer le montant des ressources qu'elle désire y affecter. Un tel degré d'autonomie change le rôle du maire et du conseil municipal. Un bon maire n'est plus celui qui réussit à tirer le maximum d'argent du gouvernement fédéral et du gouvernement du Québec. C'est celui qui dit à ses citoyens : « Ce projet de construction de stade ou de salle de concert va coûter tel montant. Je propose d'en payer la moitié avec nos impôts et l'autre moitié avec un emprunt dont le coût sera de tant par an. Êtes-vous d'accord ? » À la limite, l'intervention de l'État (outre la définition des normes, évidemment) à l'égard des municipalités se limite à assurer la péréquation entre villes riches et pauvres.

Une formule de cet ordre permet de mieux faire face au second problème sérieux de l'accroissement des ressources des autorités locales. Elle provoque plus facilement le débat entre les citoyens puisque, périodiquement, les discussions éclatent à l'égard des projets qui sont envisagés par les autorités. Cela devrait normalement augmenter le taux de participation aux élections locales. On peut, en effet, difficilement envisager de doubler, par exemple, les ressources des autorités locales et leur laisser une assez grande marge de liberté dans leur utilisation sans s'assurer d'une certaine intensité de la vie démocratique. Autrement, on risque de laisser se constituer des petits empires personnels livrés au patronage, au népotisme, voire à la corruption.

Dans les grandes villes, la décentralisation peut être et doit être poussée plus loin encore pour rapprocher les programmes des citoyens. Que l'on parle de comités de quartier ou d'arrondissement, l'idée reste la même : faire en sorte que la réalisation de certains travaux et que la fourniture de certains services soient aussi proches que possible des citoyens.

Une constitution claire

Mais nous commençons à nous situer assez loin des considérations constitutionnelles. Il faut y revenir. La nouvelle constitution ne reflétera pas une structure fédérale si elle s'inspire de la réflexion que nous venons d'écrire. Elle s'appuiera sur la Charte des droits et libertés de la personne et l'État, disposant de la souveraineté que le peuple lui confère, organisera la vie en société. Il n'y aura pas d'éparpillement de la souveraineté. La constitution doit être claire quant à l'exercice des pouvoirs du chef de l'État, du chef du gouvernement, et de chacune des deux Chambres (si on décide d'en adopter le principe). De la même façon, il faut être explicite à l'égard des droits de la personne, en particulier en ce qui a trait à l'égalité des citoyens devant la loi. Ce n'est pas évident.

Beaucoup de droits acquis ont été reconnus à l'égard des anglo-phones et des Autochtones, et on commence à faire apparaître, singulièrement dans le domaine religieux au nom des accommodements raisonnables, des droits qui vont plus loin que la simple liberté de conscience ou de religion.

Il va falloir déterminer ce qu'on doit mettre dans la constitution, ce qu'on peut mettre dans la constitution, et ce qu'il faut absolument éviter de mettre dans la constitution. Et il faut apporter un certain soin à la clause d'amendement de la constitution. Puisqu'on aborde, avec la souveraineté du Québec, le rapprochement de l'administration et des citoyens, un terrain nouveau, sinon de par sa nature, en tout cas par son ampleur, il faut se donner le temps d'expérimenter avant de constitutionnaliser.

L'important, l'essentiel même, est que, à l'occasion de l'exercice de son vote, le citoyen sache que les responsabilités de celui qu'il va élire ou qu'il est appelé à réélire soient clairement établies. À notre époque, la fabrication de l'image a pris une telle importance qu'il faut, au-delà des mystifications que cela représente, que le citoyen puisse savoir qui devrait faire quoi et comment il le fait.

CHAPITRE IX

Les secrets de la croissance

Pendant longtemps, on a accordé une importance démesurée aux ressources naturelles pour expliquer la croissance de l'économie du Québec : l'histoire commence avec le castor, se poursuit avec la forêt et les mines et se prolonge avec l'hydroélectricité. Il a fallu pas mal de temps pour accepter l'idée que la plus importante de toutes les ressources naturelles, c'est la matière grise de l'ensemble de la population.

Pendant longtemps aussi, on a cru que le développement industriel exigeait que l'on protège par diverses barrières commerciales des industries dont le marché était essentiellement canadien et dont les coûts seraient le plus souvent plus élevés que ceux des industries américaines correspondantes qui, elles, disposaient d'un marché national beaucoup plus grand. Le Canada — et bien sûr aussi le Québec — exportait des matières premières et cherchait à élargir la gamme de produits manufacturés en les protégeant de la concurrence étrangère.

Tout cela appartient maintenant au passé. L'extension du libre-échange a modifié la donne. Petit à petit, on a compris que c'est la capacité à exporter, donc la productivité et l'innovation, qui déterminent le niveau de prospérité. Plus les échanges sont libéralisés à travers le monde, plus devient critique la perception que l'on a des conséquences et des applications de ce principe. Cela est vrai quel que soit le cadre politique. Cela est vrai pour une république libre de Sept-Îles, pour un Québec indépendant ou pour un Canada uni.

Il n'y a pas de pays trop petit pour être prospère et pour avoir un taux de croissance acceptable, à deux conditions : qu'il ait accès à un grand marché et que ses entreprises soient concurrentielles. L'Europe nous a appris cette leçon. Depuis 50 ans, elle en a fait la démonstration. Être concurrentiel, cela comporte deux éléments : la productivité, c'est-à-dire l'efficacité, la capacité de vendre à un prix égal ou inférieur à celui de ses concurrents tout en faisant un profit acceptable, et l'innovation, c'est-à-dire l'aptitude à présenter au marché un produit ou un service nouveau, différent, qui correspond à une demande ou en provoque l'apparition.

La productivité

La productivité se mesure en production par heure travaillée. Cela n'a rien à voir avec le nombre d'heures travaillées par semaine ou par année. On peut, dans un pays, travailler moins d'heures par semaine mais, grâce à une productivité par heure élevée, être parfaitement concurrentiel. Pour un bon nombre de produits ou services, la capacité à exporter est un bon test pour déterminer si la productivité est satisfaisante. Si on peut vendre à l'étranger, cela veut dire aussi que l'on pourra se défendre convenablement contre les importateurs. Mais pour se maintenir dans cette situation, il faudra constamment améliorer sa productivité parce que, ailleurs dans le monde, on travaille aussi à augmenter sa productivité. Si on prend du retard, on va trouver plus difficile de vendre à l'extérieur, l'étranger va inonder notre marché, on produira moins, on réduira la main-d'œuvre, etc.

Il y a cependant bien des produits et des services qui ne traversent pas les frontières et dont la productivité a un impact direct sur la prospérité du pays. Ainsi, on pourrait imaginer que le déneigement soit encore fait à la pelle. Par rapport à la situation d'aujourd'hui, cela voudrait dire l'une ou l'autre de deux choses :

ou bien de très bas salaires pour l'armée de « déneigeurs », ou bien une formidable augmentation des taxes foncières pour l'ensemble de la population, ou une combinaison des deux. Je me sers d'un exemple ridicule pour me faire comprendre, mais le fait est que, pour ce qui ne donne pas lieu à des échanges internationaux (dont évidemment le secteur public), on comprend qu'il doive améliorer sa productivité, mais on n'éprouve évidemment pas la pression du marché. Si l'entreprise qui néglige sa productivité risque d'être tôt ou tard sanctionnée par la concurrence, une administration publique n'éprouvera qu'une sanction politique si tant est qu'un jour, elle se manifeste.

Évidemment, entre ces deux cas de figure, il y a une multitude de petites entreprises dont le marché est local, qui ne sont assujetties qu'à la concurrence locale et au sujet desquelles on ne peut pas généraliser, sauf à dire que, là encore, le revenu du propriétaire et de ses employés va dépendre de leur productivité, de leur travail et, souvent, de leur capacité d'innovation, comme on le verra plus loin.

Le principal moyen d'augmenter la productivité, c'est d'investir dans l'équipement, la machinerie, les ordinateurs et dans la gestion de la production. Pendant longtemps, on enseignait dans les manuels d'économie que, si les pays développés à haut salaire arrivaient à concurrencer les pays à bas salaire, c'est qu'ils disposaient d'équipements bien plus perfectionnés, actionnés par une main-d'œuvre beaucoup plus qualifiée.

Cela est de moins en moins vrai. L'équipement informatisé est, pour plusieurs productions standardisées, tellement plus productif que toute autre combinaison d'équipement moins perfectionné servie par une main-d'œuvre peu entraînée, qu'il n'y a pas d'alternative. On voit donc apparaître dans les pays dits en émergence des secteurs industriels qui n'ont rien à envier techniquement à ceux des pays dits développés et qui, en outre, paient des salaires inférieurs. Puis, le temps passant et la productivité s'accroissant, les salaires s'élèvent et l'entreprise cherche ailleurs les bas salaires qui l'avaient attirée initialement. Les entreprises du Japon sont l'illustration parfaite de ce phénomène : croissant d'abord par cette combinaison de haute technologie et de bas salaire, puis, lorsque les salaires japonais rejoignent les niveaux occidentaux, cherchant dans le Sud-Est asiatique d'autres lieux de production pour poursuivre leur croissance. Dans les pays de l'Europe de l'Ouest et de l'Amérique du Nord, on a compris depuis longtemps ce jeu-là. Pour certains de ces pays, des industries sont simplement disparues.

L'innovation

L'amélioration de la productivité ne suffit pas pour assurer la croissance de ces économies modernes, il faut y ajouter l'innovation. Il n'y a pas que le prix qui fasse vendre un produit ou un service, il y a les caractéristiques qui le rendent unique, plus attrayant. Ce mot, innovation, il faut le prendre dans le sens le plus large. L'innovation, c'est la recherche d'une variété inédite d'un produit conventionnel, une amélioration de qualité ou le lancement d'une mode ; c'est l'utilisation particulière d'un produit conventionnel, la mise au point d'un matériau nouveau ou une façon de procéder qui réduit les coûts ou améliore la qualité ; c'est la découverte médicale, un nouveau logiciel, une création artistique ou intellectuelle, un nouveau produit que personne n'avait pensé faire jusque-là. Dans un certain sens, l'innovation est un état d'esprit.

L'innovation est partout. C'est le mandat mondial de fabrication de deux modèles d'hélicoptères fabriqués à Mirabel ou la machine à ensacher la tourbe près de Rivière-du-Loup ; c'est la réinvention du cirque par le Cirque du Soleil, les nouveaux logiciels de jeux de Ubisoft ou la mise au point d'un nouveau produit dérivé sur les décombres de la Bourse de Montréal. La liste est interminable. Elle fait apparaître de nouveaux produits et de nouveaux services qui viennent remplacer ceux qui disparaissent. Elle provient de la recherche et du développement d'immenses entreprises, comme les nouveaux moteurs de la série C de Bombardier, ou des sous-sols et des garages, comme tant de choses qui touchent l'informatique.

L'innovation et la productivité sont donc les deux clefs de la croissance et de la prospérité. Elles doivent être au centre des politiques économiques d'un gouvernement. Ce n'était peut-être pas aussi clair lorsque les gouvernements disposaient d'instruments qui leur permettaient de se fixer des objectifs à l'abri de leurs frontières. La mondialisation a tout changé. Je me souviens, à cet égard, du mot d'un conférencier disant aux membres de la Chambre de commerce de Chicoutimi, il y a quelques années : « Dites-vous bien que, quelque part en Corée ou à Taïwan, il y a quelqu'un qui travaille à votre perte. »

Comment se présentent aujourd'hui ces deux piliers de la croissance économique ? Dans l'ensemble, la productivité du Québec est inférieure d'environ 10 % à celle du Canada, qui est environ 15 % inférieure à celle des États-Unis[70]. Des écarts de cet ordre existent depuis fort longtemps et ne tendent pas à se réduire. Mais ce sont des moyennes qui recouvrent des réalités beaucoup plus complexes. Ainsi, à titre d'exemple, lorsqu'on classe les industries du Québec selon leur degré d'avancement technologique dans les quatre catégories d'activités établies par l'OCDE, on constate que le Québec est dans le peloton de tête de la catégorie la plus élevée (à cause, entre autres, de l'aéronautique, de la pharmaceutique et de l'informatique), mais que nulle part ailleurs la proportion n'est aussi élevée d'industries appartenant à la quatrième catégorie, c'est-à-dire les technologies peu avancées[71].

---

70. Il ne s'agit que d'approximations. À titre d'exemple, voir *Assessing Quebec's Key Prosperity and Competitiveness Opportunities and Challenges* de Claude Séguin (Institute for Competitiveness and Prosperity, février 2007).

71. Centre de recherche industrielle du Québec, *Le CRIQ. Un instrument incontournable pour l'amélioration de la productivité dans les industries liées au secteur des ressources*, 2001, p. 16.

Le diagnostic posé par le Centre de recherche industrielle du Québec (CRIQ) sur l'industrie manufacturière à la suite d'une étude de 1 200 entreprises, en 2002, me paraît d'une grande pertinence : « Les entreprises manufacturières québécoises investissent moins que leurs voisins du Sud dans les équipements de production de pointe. Deuxièmement, elles n'ont qu'une connaissance partielle de leur environnement concurrentiel. Finalement, peu d'entre elles ont une approche de gestion intégrée de leur chaîne de production[72]. »

De telles entreprises sont vulnérables, aussi bien à la concurrence venant du reste du Canada qu'à celle originaire des États-Unis. À l'égard de cette dernière, il faut toujours tenir compte du taux de change du dollar canadien. Et puisqu'un Québec indépendant gardera le dollar canadien, ce qui vaut aujourd'hui vaudra demain.

Le chloroforme

De 2003 à 2006, la monnaie canadienne a connu, on le sait, une hausse de 40 % par rapport au dollar américain, et donc par rapport au yuan chinois. Le Québec et l'Ontario ont été affectés de plein fouet. Il faut dire que, depuis 30 ans, le taux de change avait masqué l'écart grandissant de productivité entre les États-Unis et le Canada. Il avait agi comme une sorte de chloroforme. Le Canada et le Québec restaient concurrentiels sur le marché américain parce que, irrégulièrement mais graduellement, le taux de change reculait. La modernisation des outillages coûtait donc de plus en plus cher, ce qu'on ne contrebalançait qu'assez peu avec des subventions ou des incitatifs fiscaux. On aurait pu imaginer qu'à l'occasion de la forte hausse du dollar canadien et donc de la baisse du prix des produits importés, les investissements en outillage et en équipement auraient fortement augmenté. La hausse, en fait, fut modeste.

---

72. Serge Guérin, PDG du CRIQ, lettre ouverte publiée dans *La Presse*, 1ᵉʳ mai 2002.

Quand, à la suite de la crise financière de 2008, la récession s'étendit, on pouvait s'attendre à ce que la débandade de l'industrie manufacturière s'accentue. Là encore, le taux de change vint au secours de l'industrie. Le prix du pétrole s'étant effondré, le taux de change du dollar canadien chuta de 20 % et vint une fois de plus limiter les dégâts que le manque de prévoyance aurait pu causer. En tout cas, que le Québec reste dans le Canada ou en sorte, il y a là un problème qu'on connaît bien, qui a donné lieu à plusieurs tentatives de correction, sans résultat appréciable, et qu'il faut traiter avec bien plus d'énergie et d'imagination qu'on ne l'a fait jusqu'à maintenant.

On ne peut traiter de l'innovation avec des instruments de mesure analogues à ceux qui ont été élaborés pour mesurer la productivité par heure travaillée. Compter les brevets enregistrés n'a pas beaucoup de signification puisque l'enregistrement des brevets relève d'Ottawa et que, de toute façon, beaucoup de ceux qui émanent du Québec (comme du Canada d'ailleurs) sont directement enregistrés aux États-Unis. Il est intéressant, cependant, de suivre l'évolution des dépenses de recherche et de développement et de la comparer avec celle d'autres pays. À cet égard, la situation du Québec s'est beaucoup améliorée.

Les progrès de la recherche et du développement

Les sommes que le Québec consacre globalement à la recherche et au développement, en pourcentage de son PIB, marquent de réels progrès. En fait, cet investissement est maintenant supérieur à ce que l'on y consacre dans le reste du Canada et se compare à bien d'autres. En somme, sur ce plan, le Québec n'est pas un « cas » comme il le fut il y a encore une vingtaine d'années. Là aussi, le rattrapage s'est fait. Mais les chiffres globaux n'ont qu'une valeur impressionniste. Quelques très grandes entreprises sont responsables d'une bonne partie de la recherche et du développement du secteur privé. Du côté des PME, la situation est tellement diverse, complexe, qu'elle ne se prête pas à des généralisations.

Pour beaucoup d'entre elles, qui opèrent dans les nouvelles technologies, la recherche est le point de départ de l'entreprise. En fait, l'entreprise n'apparaîtra vraiment que lorsque les résultats de la recherche sembleront intéressants; l'entreprise sera souvent achetée sans avoir commercialisé quoi que ce soit.

Pour beaucoup d'autres PME, cependant, leur principal contact avec la recherche et le développement est l'acquisition de technologies de pointe et de nouveaux systèmes de gestion, ce qui a probablement davantage d'impact sur la productivité que sur l'innovation. Si on constate cependant que l'adoption des nouvelles techniques se fait très rapidement chez les plus dynamiques, d'autres sont plus passives. Tout programme d'aide aux entreprises doit tenir compte de ces disparités.

Quoi qu'il en soit, il faut aborder maintenant la question de l'aide gouvernementale aux entreprises. Dans la perspective d'un Québec indépendant, il faut d'une part clarifier les idées et les objectifs, et d'autre part faire le ménage dans les boîtes à outils. Un bon nombre des modifications peuvent être faites dans le cadre canadien actuel, d'autres ne peuvent être abordées que dans le cadre d'un Québec indépendant, quelles que soient par ailleurs les formes d'association qui le relieraient au Canada et aux États-Unis.

Clarifier les idées et les objectifs est plus compliqué qu'il n'y paraît à première vue. Pour certains, l'important pour l'État est de fournir un régime fiscal aux entreprises qui soit léger et un système scolaire et universitaire de qualité. Une fois ces deux conditions satisfaites, on laissera les forces du marché déterminer qui arrivera ou n'arrivera pas à découvrir le produit ou le service qui a de l'avenir et le produira mieux et moins cher que ses concurrents.

Forcé d'intervenir

Ce qu'il y a d'agaçant dans ce genre d'attitude, c'est qu'elle repose sur deux principes sains, soit la qualité de l'enseignement et une taxation concurrentielle, mais qu'elle les transforme en exclusions, en dogme. Or, plus qu'en toute autre période, les transformations des économies sont rapides et mondialisées. Les mouvements ont une telle ampleur que les gouvernements les plus conservateurs sont forcés par leur opinion publique d'intervenir massivement dans le fonctionnement des économies. La crise financière de 2007-2008 en est la plus monstrueuse des démonstrations. La déréglementation des institutions financières, d'abord aux États-Unis, puis un peu partout ailleurs, au nom justement du modèle que je viens de décrire, a permis une gigantesque vague d'endettement, basée sur des produits financiers nouveaux (les produits dérivés) et la prise de risques inédits. La crise des hypothèques à risque (les *subprimes*) aux États-Unis a enclenché une crise financière qui a provoqué des pertes gigantesques, que le Fonds monétaire international évalue à environ 4 000 milliards pour les institutions financières[73]. Nous en avons eu, au Québec, notre part, la Caisse de dépôt et placement perdant à elle seule 40 milliards de dollars, c'est-à-dire 1 % des pertes mondiales.

Ces pertes ont forcé les banques à réduire leurs crédits commerciaux, ce qui devait inévitablement provoquer une récession. Cette récession, entre autres effets, a donné le coup de grâce à deux des très grands producteurs automobiles américains qui, depuis quelques années, n'arrivaient plus à soutenir la concurrence, japonaise surtout, d'une part à cause de leurs coûts (gonflés par le coût des pensions et des services de santé) et d'autre part à cause du conservatisme de leurs modèles.

Le gouvernement américain avait-il le choix ? Pouvait-il laisser une catastrophe financière se produire et se laver les mains de l'effondrement de l'un des secteurs industriels majeurs de l'économie américaine ? Bien sûr que non. Pas plus que l'ensemble des pays du monde ne pouvait ne pas intervenir

---

73. Dans cette débâcle, il faut noter la résistance du système bancaire canadien.

pour chercher, d'une part, à limiter les dégâts découlant d'une crise financière devenue rapidement mondiale et, d'autre part, chercher à relancer les économies nationales sans recourir, ou en tout cas le moins possible, à des mesures protectionnistes.

On n'y est pas allés avec le dos de la cuillère ! Que le gouvernement américain non seulement finance le relèvement de certaines des plus grandes institutions financières du monde à partir du principe qu'elles sont trop importantes pour faire faillite (ce que confirmera celle des Lehman Brothers), c'est déjà remarquable. Mais que l'aide à certaines de ces entreprises transforme l'État américain en actionnaire important montre jusqu'où on peut aller au nom de l'intérêt public. Il y a une très grande leçon à tirer de l'éclatement de la crise de 2008 : on ne peut laisser à elle-même l'économie de marché. Dans un marché où la concurrence serait pure et parfaite, où les facteurs de production seraient parfaitement mobiles, où tous les mécanismes d'autocorrection se manifesteraient à temps, peut-être l'économie pourrait-elle être laissée à elle-même. Mais ce modèle n'existe pas et n'a jamais existé. On comprend bien sûr qu'il soit encore et toujours mis de l'avant. Les plus forts et les plus riches ont tout à gagner à ce que l'État regarde ailleurs et limite son action à imposer un bon système d'éducation, des impôts faibles et aussi peu de lois sociales que possible. Pour le reste…

Le coffre à outils ne fait pas le menuisier

Mais gérer l'économie de marché pour éviter autant que possible les dérives et les injustices sans réduire l'efficacité a toujours été une opération, ou plutôt un ensemble d'opérations très compliqué. On connaît bien les instruments disponibles pour opérer, on sait ce qu'il y a dans le coffre à outils : réglementations en tous genres ; aide sous forme de subventions d'exemptions fiscales ; crédits d'impôt remboursables ou non ; fiscalité simple ou discriminatoire sur les revenus, les transactions, le capital ; sociétés d'État de production ou de financement ; et d'autres encore…

Ces instruments sont familiers et leurs effets, analysés. Mais le coffre à outils ne fait pas le menuisier. Et divers intérêts financiers sont mis en cause par l'utilisation de ces instruments. Ainsi, pour ne prendre qu'un exemple, il est généralement accepté ces jours-ci que la suppression de la taxe sur le capital des entreprises aura des effets bénéfiques sur l'emploi et l'investissement. Toutes choses égales par ailleurs, comme on disait autrefois, cela est vrai en tout cas dans plusieurs secteurs de production. Détaxer le capital des institutions financières n'a, cependant, à peu près aucun effet de ce genre. Si on accepte néanmoins de les détaxer, cela peut être dû à un souci d'équité ou à cause de pressions politiques, mais sûrement pas pour des raisons d'efficacité.

Ce n'est pas tout d'apprendre à se servir du coffre à outils, il faut maintenant se fixer des objectifs, c'est-à-dire savoir quoi faire avec. Rationnellement, il semble bien, comme on l'a indiqué au début de ce chapitre, qu'il faudrait mettre tout l'accent sur la croissance de la productivité et sur l'innovation. Cela veut dire, cependant, qu'on laisse tomber les secteurs qui ne sont pas ou plus concurrentiels, ou qui n'arrivent pas à se renouveler. Qu'il s'agisse du textile, des vêtements, du papier journal ou du bois d'œuvre, de la pétrochimie, du lait ou de la volaille, que ce qui doit disparaître disparaisse. Que l'État assure une préretraite convenable aux travailleurs âgés et facilite la reconversion des plus jeunes, mais qu'il garde l'essentiel de son aide pour ses deux orientations prioritaires. C'est logique, cohérent et, évidemment, impossible à réaliser. L'opinion publique n'accepterait jamais une pareille hécatombe... On ne peut pas, d'une part, mépriser les politiciens qui, dit-on, pour se faire réélire, sont prêts, selon la formule consacrée, à jeter l'argent par les fenêtres et, d'autre part, condamner les tentatives de maintenir à flot les canards boiteux; on est en face, en réalité, d'un exercice extrêmement délicat qui consiste à chercher à modifier aussi rapidement que possible l'économie sans créer de crise sociale qui forcerait à arrêter le mouvement amorcé.

Arbitrer entre les provinces

Tout devient alors question de dosage, de priorités et d'intentions de ce que la société est prête à tolérer comme rythme de changement à un moment donné. C'est là un problème majeur de la fédération canadienne. Le pays est trop grand, les régions, trop différentes les unes des autres, avec des intérêts souvent contradictoires. Il devient, pour le gouvernement central, impossible de réconcilier les intérêts régionaux. On le constate aujourd'hui à l'égard de plusieurs dossiers et, en remontant un peu dans le passé, on peut en relever un grand nombre d'autres.

Ainsi, le gouvernement fédéral canadien ne peut laisser tomber l'industrie automobile en Ontario. Alors que le gouvernement américain prend les moyens nécessaires pour appuyer la résurgence de General Motors, de Chrysler et dans une moindre mesure de Ford, il ne peut simplement pas refuser d'aligner les milliards de dollars qui garantiront que les succursales de ces sociétés en Ontario ne seront pas fermées. Dans la mesure où les syndicats canadiens acceptent les mêmes sacrifices que les syndicats américains, comment le gouvernement canadien pourrait-il refuser d'emboîter le pas à l'administration américaine ? Forcément, le contraste est grand avec ce qu'il est prêt à faire pour les industries forestières et de pâtes et papiers, singulièrement au Québec où la négligence et la vétusté détruisent petit à petit une industrie dont l'importance en termes d'emplois est, dans certaines régions, fondamentale.

Dans l'Ouest du Canada, les sables bitumineux de l'Alberta sont, quand les prix du pétrole sont élevés, la deuxième plus importante réserve de pétrole dans le monde après l'Arabie Saoudite. Mais l'exploitation de ces gisements génère une quantité de gaz à effet de serre considérable. Cela contribue à accroître les disparités régionales de façon saisissante. En tonnes (équivalent de CO_2) de gaz à effet de serre par année et par habitant, le Québec est à 11, le Canada sans le Québec est à 26 et l'Alberta, à 71[74]. Faut-il s'étonner alors que le Canada ait refusé de s'engager dans l'application de l'accord de Kyoto et traîne de la patte pour la seconde phase de cet accord (qu'au moment où on écrit ces lignes, on désigne comme ronde de Copenhague)? Pendant plusieurs années, cela n'a pas eu de conséquence concrète. Le Canada a perdu sa réputation de pays responsable mais, à côté de l'exemption consentie à la Chine et à l'Inde de participer à la première ronde de Kyoto, il n'y avait pas de drame.

Un rapport publié en juin 2009 par l'OMC et le Programme des Nations Unies pour l'environnement (PNUE) peut tout transformer[75]. Pour la première fois, l'OMC reconnaît que la non-conformité d'un pays aux règlements négociés pour protéger l'environnement pourrait être considérée comme une discrimination en faveur des industries du pays en question et que, dans ces conditions, les autres membres de l'OMC pourraient imposer une taxe de carbone destinée à équilibrer la concurrence. Ces taxes, qui pourraient être imposées sur les produits canadiens si le Canada continue sur sa lancée actuelle, s'appliqueraient non pas seulement aux produits albertains mais évidemment aux produits québécois. Il pourrait s'agir pour le Québec d'une charge de plusieurs milliards de dollars. Nous y reviendrons au chapitre XII.

Quand on remonte dans le passé, on peut trouver bien des exemples de ces déchirements des politiques fédérales entre des intérêts régionaux divergents. De tous ceux auxquels j'ai été mêlé, le plus aberrant me semble toujours aujourd'hui avoir été celui de la ligne Borden. L'histoire se passe au milieu des années 1970. Ce qu'on a appelé le premier choc pétrolier, en 1973, a quadruplé le prix du baril de pétrole. Pour protéger l'industrie ontarienne, le gouvernement fédéral décide que le prix du baril de pétrole sera, au Canada, inférieur au cours international.

---

74. Bloc québécois, *L'inventaire canadien de gaz à effet de serre*, 1990-2007..
75. OMC et PNUE, « Commerce et changement climatique », Genève, 2009.

L'Alberta, qui éprouve des difficultés à vendre son pétrole aux États-Unis, n'a pas le choix : il faut accepter le prix que le gouvernement fédéral lui impose. Mais elle reçoit l'assurance qu'elle aura le monopole des ventes de pétrole et de produits pétroliers en Ontario. Cela pose problème, en ce sens que Montréal, le plus grand centre de raffinage au Canada à cette époque, achetait le pétrole au Venezuela et au Moyen-Orient, évidemment au prix international et revendait en Ontario une partie des produits raffinés. Le gouvernement fédéral subventionne le pétrole importé pour en ramener le prix au niveau albertain mais interdit tout mouvement de produits pétroliers provenant de Montréal à l'ouest d'une ligne longeant la rivière Outaouais, dite ligne Borden. La moitié des raffineries de Montréal fut fermée mais, plus grave encore, l'industrie pétrochimique montréalaise, de loin la plus importante au Canada, se déplaça vers Sarnia en Ontario et Edmonton en Alberta. Le gouvernement du Québec en maintint une partie à flot grâce à une filiale de la SGF, Pétromont, qui se joignit à Dow Chemical pour maintenir ouverte une usine d'éthylène sans laquelle tout ce qui restait serait disparu[76].

Bien sûr, tous les affrontements ne sont pas aussi spectaculaires et, sur le plan industriel, certaines opérations conjointes des deux gouvernements ont donné des résultats brillants. Ainsi, le financement conjoint de la formation du personnel de l'usine Bell Helicopter à Mirabel fut partagé entre les deux gouvernements. On doit simplement constater qu'il est à peu près impossible d'élaborer une politique industrielle cohérente où, tout à la fois, on accorde la priorité à la productivité et à l'innovation, on accompagne le déclin de certaines activités, on laisse certaines entreprises disparaître, en accordant une solide protection aux travailleurs. Les préoccupations de plus en plus exigeantes à l'égard de la protection de l'environnement et de l'aménagement du territoire ne simplifient pas les choses.

---

76. Pétromont a été fermée en 2009.

Chercher le vrai gouvernement

Jusqu'ici, j'ai insisté sur certaines difficultés d'établir un ensemble de politiques économiques cohérentes. Il faut maintenant entrer dans le détail des choses. Les deux gouvernements sont en concurrence à l'égard d'une foule de gestes destinés à aider l'entreprise, le travailleur ou l'activité économique. On aurait pu croire qu'au fur et à mesure du passage des années une sorte de « spécialisation » des gouvernements se soit poursuivie. C'est le contraire qui s'est produit. Pour des raisons essentiellement politiques, on a tout fait en double. Même si de temps à autre une tentative de simplification a lieu, rapidement le fouillis reprend. C'est ainsi qu'après des décennies de discussions, la formation professionnelle a enfin été laissée par le gouvernement fédéral aux autorités du Québec. Rapidement, on est revenus aux appels à l'aide envers le gouvernement fédéral, comme la crise forestière l'a bien démontré. Il faut dire évidemment que le désir d'équilibrer les comptes et de maintenir le déficit à zéro incitait le gouvernement du Québec à orienter les quémandeurs vers Ottawa.

J'ai cherché l'exemple qui serait à ce point typique de la situation qu'il me permettrait d'éviter une longue nomenclature de dédoublements. Celui que j'ai retenu est tout simple. Voici ce qu'on peut trouver dans les premières pages d'un grand nombre de livres édités au Québec :

> Les éditions X reconnaissent l'aide financière du gouvernement du Canada par l'entremise du Programme d'aide au développement de l'industrie de l'édition (PADIÉ) pour ses activités d'édition et remercient le Conseil des Arts du Canada pour son soutien financier.

> Les éditions X sont inscrites au Programme d'aide aux entreprises du livre et de l'édition spécialisée de la SODEC [Société de développement des industries culturelles du Québec] et bénéficient du programme de crédit d'impôt pour l'édition de livres du gouvernement du Québec.

La volonté de chaque gouvernement d'être le vrai gouvernement des Québécois provoque une concurrence qui rend souvent difficile, parfois impossible, la réalisation d'objectifs clairs, multiplie la paperasse, fait de l'atteinte de l'aide financière prévue par les programmes gouvernementaux une véritable course d'obstacles. Il faut feuilleter, à l'occasion de chaque budget, les pages qui concernent les avantages fiscaux accordés aux entreprises. C'est souvent une véritable pluie de petites mesures qui s'adressent fréquemment à quelques entreprises qui donneront lieu un jour à des règlements d'application plus ou moins compliqués qui correspondent plus ou moins aux besoins des entreprises visées mais qui doivent être la preuve de l'intérêt que «le gouvernement porte au développement économique».

Les sociétés d'État participent évidemment au fouillis général. Ainsi, la Caisse de dépôt et placement a décidé récemment que les investissements dans les petites entreprises québécoises lui faisaient perdre son temps. Elle fournit donc de l'argent à la Banque canadienne de Développement qui, elle, financera les petites entreprises à partir de ses bureaux régionaux québécois, qui s'en trouvent évidemment renforcés, face aux bureaux régionaux d'Investissement Québec qui font substantiellement la même chose.

Tout n'est pas que fouillis, heureusement. C'est ainsi que, à l'égard des crédits d'impôt pour la recherche et le développement, les deux gouvernements ont mis leurs rivalités de côté et le programme est devenu un levier essentiel de l'expansion de nouvelles technologies.

Tout le monde ne se plaint pas de la concurrence entre les gouvernements. Il est vrai que certains en profitent pour faire aboutir un projet qui initialement ne soulevait pas l'enthousiasme. Mais on trouverait probablement autant de cas où un gouvernement se sert des réticences de l'autre pour ne pas s'engager. En fait, le système fédéral tel qu'il est pratiqué est une source de gaspillage, d'éparpillement et rend très aléatoire la réalisation d'objectifs cohérents. Dans ce sens, l'indépendance du Québec n'assure pas que les choses s'amélioreront mais elle le permet.

L'éducation et la croissance économique

Avant de clore ce chapitre, il faut examiner brièvement la question des rapports de l'éducation et de la réalisation des objectifs de productivité et d'innovation. Ces questions sont étroitement liées. L'économie du savoir reflète plus qu'un vœu pieux. Il faut qu'elle s'appuie sur la qualité du système d'éducation. Deux problèmes sont apparus, dont l'un ne peut être réglé que par les Québécois eux-mêmes, et l'autre serait sans doute plus facile à régler si le gouvernement canadien ne s'y introduisait pas mais qui fondamentalement relève de décisions qui se prennent à Québec : il s'agit respectivement de l'enseignement secondaire et de l'enseignement et de la recherche universitaire[77].

Il n'y a que trois jeunes Québécois sur cinq qui, après être entrés en première année du secondaire, reçoivent un diplôme régulier de secondaire 5 après cinq ans d'études. Si on ne tient compte que de l'enseignement public, le taux de succès tombe à 53 %. Si on ne tient compte que des garçons inscrits à la Commission scolaire de Montréal, le taux tombe à 36 %, alors qu'à la Commission scolaire English-Montreal, le taux est presque du double, soit 67 %.

Il est vrai que, après l'âge de 20 ans, un grand nombre de décrocheurs reviennent dans les commissions scolaires pour essayer d'obtenir les diplômes sans lesquels les portes leur sont presque toutes fermées. En fait, ces adultes qui cherchent à rattraper leur jeunesse sont si nombreux, ils occupent tant de

---

77. Les données qui concernent l'enseignement secondaire sont tirées de *Résultats aux épreuves uniques de juin 2007*, ministère de l'Éducation, 2008. Les observations sur l'université viennent de ma conférence « Entre l'innovation et le déclin : l'économie québécoise à la croisée des chemins », Les conférences Gérard Parizeau, HEC, 2007.

places à l'enseignement professionnel, qu'il n'en reste plus assez pour ceux qui suivent le cheminement régulier.

Ce gâchis qui se prolonge par un taux élevé de décrochage au cégep va compromettre l'avenir du Québec si une correction majeure, radicale n'est pas apportée rapidement au système. En tout cas, il s'agit d'un énorme gaspillage du point de vue de la croissance économique. On peut longuement épiloguer sur les causes et les effets, mais pour ce qui a trait à notre propos, on ne peut éviter de souligner les difficultés qu'on éprouve à arrimer correctement la formation professionnelle à la fin des études secondaires et la formation technique au niveau collégial. Alors que les mises à la retraite se multiplient chez les baby-boomers, on commence à se rendre compte à quel point on n'a pas suffisamment préparé la relève. Les pénuries de techniciens dans certains secteurs les plus dynamiques de l'industrie québécoise en sont l'expression manifeste; il faudrait aller voir comment stages et études ont été combinés dans d'autres sociétés. Mais il faut aussi chercher à réhabiliter le travail manuel dans un monde où la technologie occupe tant de place. Le marché du travail s'est adapté; les esprits, pas encore.

L'université est maintenant un des principaux instruments de la croissance économique. Sans doute, la vocation première de l'université était-elle tout à fait autre. La recherche du *pourquoi* des choses l'a marquée et pendant longtemps. Maintenant, le *comment* a pris le pas. Mais on a gardé des origines une considération particulière pour les humanités, les sciences humaines, les lettres et les arts qui fait, en région en particulier, de l'université un centre culturel essentiel. Entre la vocation culturelle et la vocation scientifique, les équilibres sont précaires et l'affectation des ressources est souvent incertaine. La liberté universitaire et l'indépendance des institutions ne rendent pas facile la mise au point de politiques scientifiques cohérentes, singulièrement en période de vache maigre comme celle que l'on connaît depuis plusieurs années. Les interventions ponctuelles des deux ordres de gouvernement ne facilitent pas non plus les choses.

On a donc pris l'habitude de tout ramener à des montants d'argent dans les discours publics. Deux cents millions de plus par année, cela suffirait-il pour les universités, ou faudrait-il le double ? Un nouveau campus coûtera-t-il un milliard, ou doit-on se contenter de 500 millions ? L'État ne doit pas, dit-on, s'intéresser de trop près au fonctionnement de l'université, mais si tant est que l'on accepte enfin l'idée que la recherche scientifique est un des leviers majeurs de l'innovation, et donc de la croissance, il faut que l'affectation des ressources supplémentaires — et il en faut de façon urgente — soit consacrée essentiellement à la recherche scientifique, au génie, à la médecine, aux biotechnologies, à l'informatique, à ces secteurs qui aujourd'hui sont les principaux vecteurs de l'innovation et de la productivité.

L'université en région

À cet égard, il faut dire quelques mots sur le développement des régions. L'économie de plusieurs régions du Québec dépend traditionnellement de l'exploitation et d'une première transformation de matières premières. Les grandes entreprises y ont, traditionnellement aussi, dirigé le développement. L'augmentation de la productivité a graduellement freiné l'emploi dans le secteur privé. Sans doute, pendant un certain temps, le rattrapage dans les services d'éducation et de santé a-t-il provoqué une hausse suffisante de l'emploi dans le secteur public, pour masquer la réduction de la main-d'œuvre dans les grandes sociétés privées.

Une fois le rattrapage réalisé, on s'est retrouvés devant des perspectives de stagnation sinon de décroissance. Une activité fait exception et ouvre des perspectives : c'est l'enseignement postsecondaire. L'enseignement et la recherche dans les universités et les cégeps sont le principal facteur de croissance économique dont on dispose. Les rapports entre universités et entreprises en région fournissent déjà suffisamment d'exemples de dynamisme local pour que l'on retienne les avantages de la formule. Il n'est pas certain que la leçon soit comprise. En tout cas, la répartition régionale du financement des cégeps et des universités ne le reflète pas encore[78].

Concluons. Dans un monde aussi ouvert que celui d'aujourd'hui où les barrières tombent les unes après les autres, et où les forces du marché prennent de façon presque instantanée une force quasi universelle, l'État-nation a compris que les deux leviers de la croissance sont la productivité et l'innovation. Il comprend aussi que le progrès et la croissance ne peuvent pas se manifester dans un champ de ruines. Le régime démocratique ne tolère pas cela. La mondialisation exige que le changement soit rapide et il y a des limites à ce que la nature humaine acceptera comme rythme de changement. C'est l'essence de la politique que de chercher à réconcilier ces deux forces contradictoires. C'est ce qui justifie — en fait accentue — le rôle de l'État dans le cadre de la mondialisation.

Que deux gouvernements se disputent à l'égard des mêmes gens, chacun cherchant à être le « meilleur » gouvernement des deux, ne peut être que source de désordre, de gaspillage, et surtout d'un manque d'imputabilité, le citoyen, finalement, ne sachant plus qui est responsable de quoi. Les gouvernements sont faits pour gouverner. En tout cas, c'est pour cela qu'ils sont élus.

---

78. Pas plus d'ailleurs que celle de la Fondation canadienne pour l'innovation.

Chapitre X

L'État et l'entreprise : le grand débat

Au printemps de 2009, la Caisse de dépôt et placement annonçait d'énormes pertes, dépassant largement ce que la crise financière internationale pouvait expliquer. Le président de la Caisse était parti. Il fut remplacé et, en même temps que l'on cherchait à comprendre pourquoi un tel drame s'était produit, on réexamina forcément, aussi bien à l'Assemblée nationale que dans les journaux, le mandat de la plus grande institution financière québécoise et son mode de fonctionnement. L'attention se cristallisa pendant quelque temps sur les sièges sociaux des grandes sociétés québécoises. Pour certains, leur maintien au Québec était essentiel et on devait prendre les moyens nécessaires pour l'assurer. Les centres de décisions financiers, industriels et commerciaux polarisent un grand nombre d'emplois liés aux services aux entreprises ; ils polarisent aussi souvent la recherche et le développement. La Caisse de dépôt et placement a une responsabilité à cet égard, et sans chercher le succès quel qu'en soit le coût, elle doit appuyer les efforts destinés à maintenir une masse critique de centres de décisions.

Que le gouvernement se débrouille

Pour d'autres, le rendement passe avant tout et, si le gouvernement tient à cette masse critique de centres de décision, qu'il se débrouille, mais sans faire appel à la Caisse.

Une déclaration du président, M. Henri-Paul Rousseau, devant la Commission parlementaire des finances publiques le 28 novembre 2007, résume bien la question :

« Il y a des façons d'avoir des politiques industrielles pour avoir des sièges sociaux intéressants, pour avoir des champions nationaux qui sont capables de conquérir la planète, mais ça ne doit pas être le rôle de la Caisse de remplir cette mission-là[79] ».

Lorsque le nouveau président est nommé, un journaliste, dès la première conférence de presse, cherche à voir si la position de la Caisse est toujours la même et l'aborde à partir d'un exemple concret : « Si des capitaux étrangers cherchaient à acheter le contrôle de Bombardier, la Caisse chercherait-elle à bloquer la manœuvre ? » La réponse fut hésitante, voire négative.

La société québécoise et les affaires

On est au centre d'un débat fondamental qui a pris beaucoup d'ampleur depuis quelques années et qui est déterminant pour l'avenir du Québec, jusqu'à un certain point comme province canadienne, mais plus encore comme pays indépendant.

Le débat déborde largement les problèmes que crée l'arrimage de l'État québécois et sa principale institution financière, mais l'épisode est tout à fait typique des rapports, uniques en Amérique du Nord, de l'État et de l'entreprise.

Pour comprendre comment nous en sommes arrivés là, il nous faut faire un bref rappel historique. La société canadienne-française du milieu du XXᵉ siècle est une société tronquée. Un jeune qui a du talent et qui travaille peut aspirer à une brillante carrière dans les professions libérales, dans le journalisme, la politique, le syndicalisme, l'enseignement et bien sûr dans les arts et la littérature. Dans les affaires, c'est autre chose. Sans doute, dans la société québécoise de l'époque, les affaires ne sont-elles pas très considérées, mais le

---

79. *Journal des débats*, 35ᵉ législature, 1ʳᵉ session, Commission des finances publiques, le mercredi 28 novembre 2007.

système n'est pas ouvert aux francophones. Dès la Conquête, les anglophones, appuyés sur les crédits britanniques, saisissent ce que le régime français a établi et, pendant longtemps, les affaires seront essentiellement organisées par la communauté anglophone de Montréal, appuyée sur Londres, New York et, plus tard, Toronto. Il y a, évidemment, de temps à autre, quelques grands hommes d'affaires francophones qui font leur marque, mais cela ne constitue pas un groupe et encore moins une classe sociale.

Les gens de ma génération ont souvent des histoires à raconter au sujet des difficultés à percer en affaires. Mon histoire préférée est celle qui m'est arrivée alors que je siégeais au nom de Lucien Rolland (les Papiers Rolland) au Trade and Tariffs Commitee de la Pulp and Paper Association of Canada. J'y étais le seul francophone sur une trentaine de membres. Un jour de réunion à Toronto, nous allons luncher au sélect Granite Club. Le trésorier de la Dominion Tar and Coal (qui deviendra Domtar) explique comment, dans la filiale papetière Howard Smith, installée dans les environs de Montréal depuis la fin du XIXᵉ siècle, ils s'étaient arrangés pour ne jamais avoir de *Frenchies* au-dessus du rang de contremaître. Et tout à coup, me voyant dans le cercle qui l'écoutait, il met sa main devant sa bouche et me dit : « *Oh, I'm sorry, Jacques!* » Trente ans plus tard, la Caisse de dépôt et placement et la Société générale de financement (SGF) achetaient le contrôle de Domtar. On mesure par de tels exemples le chemin parcouru.

Après la Deuxième Guerre mondiale, un peu partout dans le monde, l'État intervient, on l'a vu dans un chapitre précédent, dans l'organisation de la sécurité sociale et dans le fonctionnement de l'économie. En Europe, en France et en Angleterre, en particulier, les nationalisations se multiplient, alors que l'Europe de l'Est passe à un régime économique collectiviste. Le Canada mettra davantage l'accent sur la création du filet social, mais ses interventions économiques dans la construction résidentielle, les transports et le financement de l'exportation, entre autres, sont substantielles.

Et même si, aux États-Unis, on est assez peu portés sur les nationalisations d'entreprises, le complexe militairo-industriel est un
puissant instrument de développement économique.

Au Québec, on craint le communisme. L'antiétatisme et
l'antisyndicalisme du régime Duplessis font du gouvernement
du Québec une officine craintive qui surfera sur la prospérité
d'après-guerre, sans modifier grand-chose ni au fonctionnement
de l'économie ni à l'équilibre de la société. Toutes les décisions
économiques structurantes, selon le jargon de notre époque, sont
prises en dehors de la société francophone. Si une usine de pâtes et
papiers apparaît à La Tuque, si une mine est ouverte en Abitibi, si
une aluminerie est construite au Saguenay, c'est que la décision a
été prise quelque part dans la vaste communauté anglophone. Les
francophones n'ont pas d'influence véritable sur leur destin.

L'économie québécoise commence à glisser au cours
des années 1950. La Bourse de Toronto, qui a accaparé le
financement de l'exploration et de l'exploitation de pétrole de
l'Ouest, déclasse celle de Montréal. Les institutions financières
(banques et compagnies d'assurances en particulier) déplacent
leur véritable siège social à Toronto, même si, pour des raisons
d'image, elles en gardent parfois un à Montréal. La construction
de la voie maritime du Saint-Laurent amorce un glissement
industriel vers les Grands Lacs. Le déplacement de la Canadian
Car and Foundry de Ville LaSalle, aux abords du canal Lachine,
à Thunder Bay, à la tête du lac Supérieur, est un dur coup. Il met
en cause plusieurs milliers d'emplois.

Et, finalement, le rapport Laurendeau-Dunton sur le
bilinguisme et le biculturalisme inclut une étude des revenus au
Québec où il apparaît que les francophones de souche ont les plus
bas revenus d'emploi de quatorze groupes ethniques, à l'exception des travailleurs d'origine italienne et des Amérindiens[80].

---

80. Rapport de la Commission royale d'enquête sur le bilinguisme et le biculturalisme
   1968, vol. III, Le monde du travail, p. 23.

Maîtres chez nous

C'est contre cet arrière-plan que le slogan du gouvernement libéral élu en 1960 devient une sorte de déclencheur politique de la Révolution tranquille : « Maîtres chez nous[81] ». En même temps, le gouvernement adopte le principe que René Lévesque, on l'a vu, a exprimé de façon lapidaire : « Le seul levier dont les Québécois disposent, c'est leur État ». Qu'il s'agisse de « nous » ou des « Québécois », ce sont les francophones qu'on désigne implicitement. Les complexités sémantiques viendront plus tard. Ce dont il s'agit, c'est de développer économiquement le Québec par des Québécois... Rétrospectivement, on a tendance à penser que le modèle québécois ou « Québec inc. » sont des créations qui ont été planifiées. Ce n'est pas exact : il n'y a pas eu de plan directeur. Il y a eu, cependant, quelques principes de base. Le premier consiste à corriger le fonctionnement de marchés qui empêchent ou ralentissent le développement industriel. C'est ce qui a mené à la création de Sidbec, de SOQUEM, de SOQUIP, l'achat par l'État de deux producteurs d'amiante, etc. Comme on l'a vu précédemment, il n'y avait rien de dogmatique dans ces initiatives : selon l'expression consacrée, « Un trou, une cheville » ou un problème, une solution. Les résultats ont été d'excellents à nuls et coûteux. La nationalisation des compagnies d'électricité est un cas à part, évidemment. Elle a fait apparaître un des piliers essentiels de l'économie québécoise.

Un système financier pas achetable

Le deuxième principe a trait à l'organisation d'un système financier proprement québécois qui soit essentiellement consacré à satisfaire les besoins financiers du Québec et qui soit en mesure de concurrencer les institutions financières canadiennes et étrangères qui opèrent au Québec. Ces institutions québécoises

---

81. Ce sera le slogan de la campagne électorale de 1962.

doivent préférablement être à l'abri d'une prise de contrôle extérieure.

L'objectif a été atteint jusqu'à récemment. Il n'y a pas d'explication simple à cela. Mais le fait est que cette société qui, pendant des générations, ne pouvait trouver en elle-même les moyens de financer ses projets et donc de les réaliser, a atteint un niveau d'autonomie financière remarquable.

La moitié des dépôts des particuliers est logée dans les coopératives de Mouvement Desjardins. La plus grande banque commerciale des PME québécoises, la Banque nationale du Canada, fonctionne essentiellement au Québec et, jusqu'à récemment, un actionnaire ne pouvait posséder plus de 10 % de ses actions. La plus grande compagnie d'assurance-vie, Industrielle Alliance, fut longtemps une mutuelle ; quand elle décida de se transformer en compagnie par actions, elle obtint de l'Assemblée nationale que sa loi constituante comporte une clause à l'effet qu'un actionnaire ne puisse posséder plus de 10 % des actions. Le Fonds de solidarité FTQ est le plus important réservoir de capital de risque du Québec et appartient à la plus grande centrale syndicale. Investissement Québec, la SGF et la Caisse de dépôt et placement sont des sociétés ou des organismes d'État. Il y eut jusqu'à récemment une Bourse de Montréal, instrument utile pour lancer de nouvelles émissions dont les avantages fiscaux étaient spécifiquement québécois. La règle du 10 % s'y appliquait. Bref, le système financier du Québec n'était pas achetable.

Un système financier comme celui-là correspond aux besoins d'un pays. Il n'y manque qu'un lien avec la Banque centrale, qui est actuellement assuré avec la Banque du Canada par le truchement d'un organisme de compensation. Il est remarquable que tout ceci ait été mis en place sans que la question de l'avenir du Québec n'ait été explicitement soulevée. Ce n'est pas le moindre des paradoxes, d'ailleurs, que ce « système » — parce que, après tout, c'est un système qui a été monté — ne soit pas perçu comme tel. Depuis quelques années cependant, le système craque, les pièces en sont abandonnées. La première cassure a été l'adoption d'un amendement à la loi des banques (fédérale) faisant passer à 20 % le plafond des actions d'une banque à charte qui puissent être acquises par un seul actionnaire. Cependant, dans le cas de deux petites banques, on autorisait qu'un seul actionnaire en possède la totalité, et l'on introduisait une catégorie de banques dont l'avoir des actionnaires se situe entre 1 et 5 milliards de dollars. Dans ce cas, un actionnaire pouvait acheter 65 % des actions à la condition que le reste soit éparpillé entre un grand nombre d'actionnaires (*widely distributed*). Il n'y avait qu'une banque dans cette catégorie : la Banque nationale du Canada. C'est à la demande de sa direction, qui disposait d'une quantité importante d'options, que le gouvernement fédéral accepta avec empressement d'introduire cet amendement. Au bout du compte, le contrôle de la Banque n'a pas été vendu, à cause de la résistance d'une partie du conseil d'administration (et de la hausse importante de la valeur des actions). Pendant cet épisode, l'attitude de la Caisse de dépôt et placement fut étrange. Elle est actionnaire d'une soixantaine de banques dans le monde. Au Canada, elle est un actionnaire substantiel de la Banque TD : elle détenait à la fin de 2007 au-delà d'un milliard de dollars d'actions dans Power Corporation et ses filiales ; elle a répondu favorablement à une demande de la Banque CIBC qui cherchait à augmenter son capital. Mais elle ne détient pas d'actions de la Banque nationale, indiquant donc clairement qu'elle ne s'opposerait pas à la vente du contrôle de la principale source de crédit commercial des PME du Québec.

À peu près en même temps que la loi fédérale des banques était amendée, la Bourse de Montréal, qui appartenait aux courtiers et aux institutions financières de Montréal, vendait toutes ses opérations de bourse conventionnelle à la Bourse de Toronto, et ne gardait, après entente avec cette dernière, que les opérations sur produits dérivés[82]. Le succès de la nouvelle formule fut si grand que l'on décida de les vendre elles aussi à Toronto. L'Autorité des marchés financiers obtint certaines garanties que les opérations demeureraient à Montréal. Mais la décision du gouvernement fédéral d'établir une commission fédérale des valeurs mobilières risque de sonner le glas de Montréal comme place boursière[83].

Appuyer la « garde montante »

Le troisième principe qui sous-tend les rapports de l'État et de l'entreprise a trait à la responsabilité de l'État d'appuyer avec tous les moyens dont il dispose la constitution d'une classe de gens d'affaires francophones qui soit en mesure d'assumer et assume effectivement l'essentiel des décisions d'entreprises sur lesquelles la société québécoise appuie sa prospérité. C'est ce que j'ai appelé, dans un de mes discours sur le budget, la « garde montante ». Le concept n'a rien de partisan. Les gouvernements libéraux comme péquistes y ont travaillé systématiquement. Les voies et les objectifs choisis ont été clairement définis pendant longtemps. Depuis quelques années, cependant, la confusion s'est répandue, d'abord parce que les règles du commerce interprovincial et international ont évolué et, d'autre part, parce que la propagation des idées néolibérales a engendré une méfiance générale à l'égard de l'État et de ses turpitudes appréhendées. Heureusement, l'essentiel du travail était fait : la garde montante était en place. Il s'agit maintenant et pour l'avenir de voir l'entreprise québécoise en Amérique du Nord et dans le monde, plutôt que l'entreprise québécoise dans le Canada.

L'histoire commence avec la nationalisation des compagnies d'électricité. Hydro-Québec fait face à d'énormes programmes

---

82. La décision a été prise le 15 mars 1999 et le transfert s'est effectué le 3 décembre 1999. La clause du 10 % s'appliquait jusque-là aux actionnaires. Elle fut abolie.

83. Et pourtant, plusieurs pays dont la population est inférieure à, ou du même ordre que, celle du Québec ont gardé leur Bourse…

de construction qui prennent plus d'ampleur encore dès que le développement de la Baie-James est engagé. Hydro-Québec est donc un distributeur de contrats comme le Québec n'en avait jamais connu jusque-là et est doté d'un pouvoir d'achat extraordinaire.

La politique suivie par Hydro-Québec reposera sur trois axes. Le premier consiste à favoriser systématiquement les entreprises québécoises de génie. Des sociétés comme SNC (Surveyer, Nenniger et Chênevert) ou Lavalin vont rapidement être classées parmi les plus importantes entreprises de génie conseil en Amérique du Nord. Le deuxième axe consiste à accorder une préférence dans les soumissions publiques de 10 % en faveur des produits québécois par rapport aux produits canadiens et 10 % de plus par rapport aux produits étrangers, les préférences étant adaptées au pourcentage de contenu québécois. Le troisième axe consiste en la garantie, donnée à des entreprises étrangères qui acceptent de s'installer au Québec, de commandes importantes étalées sur plusieurs années.

Enfin, on ne peut négliger le rôle de premier plan joué par Hydro-Québec dans la francisation des opérations techniques.

La Société de développement industriel (SDI), l'ancêtre d'Investissement Québec, établit des conditions strictes à l'aide qu'elle était autorisée à apporter aux entreprises. Elles n'y avaient accès que si tous les services utilisés (comptabilité, droit, informatique, génie conseil) provenaient d'entreprises québécoises.

Le Régime d'épargne-actions (RÉA) avait trois objectifs : amener les Québécois à posséder des actions d'entreprises. Leur retard sur l'Amérique du Nord était flagrant. Le second permettait à ceux dont les impôts étaient les plus élevés de les réduire à la condition d'acheter des actions RÉA et finalement le nouveau régime donnait aux entreprises accès à du capital de risque dont l'absence au Québec était l'objet de plaintes continuelles. Les actions admissibles au régime devaient être émises par des sociétés dont le siège social ou le principal lieu d'affaires était au Québec. Au début, on pouvait déduire de son revenu imposable dollar pour dollar les achats d'actions RÉA. Les gens achetaient, bien sûr, des actions de Bell, de la Banque Royale, de la Banque nationale... Ils prenaient l'habitude. Puis, on réduisit l'avantage fiscal pour les actions de ces très grandes entreprises et on augmenta celui des PME. Ce fut le tour de Cascades, Bombardier, Jean Coutu, Couche-Tard, CGI, etc.

Le Fonds de solidarité de la Fédération des travailleurs et travailleuses du Québec (FTQ), créé à l'initiative de Louis Laberge, le président de la FTQ, et Fernand Daoust, son secrétaire général, pour soutenir ou créer des emplois de sociétés québécoises, a une portée révolutionnaire par le degré d'implication des travailleurs et l'ampleur de son opération. Les avantages fiscaux que le gouvernement du Québec consentit furent tels qu'ils entraînèrent une avalanche de fonds et que le gouvernement de l'époque (libéral) décida d'imposer un plafond à la récolte annuelle. La gouvernement suivant (PQ) accepta de lever le plafond mais à la condition que soient augmentés les capitaux disponibles pour les Fonds régionaux de solidarité.

La politique d'achat d'Hydro-Québec fut établie par un gouvernement fédéraliste (M. Lesage). Les règles de fonctionnement de la SDI, par un autre gouvernement fédéraliste (M. Bourassa). Le RÉA apparut sous un gouvernement souverainiste (M. Lévesque) comme le Fonds de solidarité.

Ce qu'il y a de commun à toutes ces initiatives, c'est qu'elles sont toutes orientées dans le sens de faire apparaître et de développer les entreprises québécoises et d'habituer les Québécois à «apprivoiser» l'entreprise, à la considérer comme partie intégrante de la société et comme le levier essentiel de la croissance et de l'emploi.

Aujourd'hui, on ne peut plus établir de programmes aussi systématiquement discriminatoires que l'était, par exemple, la politique d'achat d'Hydro-Québec. Aussi bien au Canada que dans les rapports avec l'étranger, on ne peut pratiquer ce genre d'opération aussi explicitement. Mais il n'est plus nécessaire d'aller aussi loin. Les résultats sont là. La majeure partie des décisions d'investissement au Québec est prise par des entreprises québécoises. Les filiales de sociétés étrangères sont souvent dirigées par des Québécois. On continue de faire des efforts pour amener des sociétés étrangères à investir au Québec. Partout dans le monde, on cherche la même chose. Mais on ne dépend plus pour l'essentiel de ces décisions prises ailleurs. Et surtout, le capital ne manque plus. En temps de crise, il peut être plus prudent, plus frileux, mais dans l'ensemble, la société québécoise est, sur ce plan, devenue normale.

Elle doit donc faire face aux problèmes auxquels ont à faire face toutes les sociétés industrialisées de notre époque. Les réponses varient beaucoup d'un pays à l'autre, mais les questions sont à peu près les mêmes.

La première question a trait à la privatisation. Le mouvement est général à travers le monde. Il fut un temps, on l'a vu, où on a beaucoup nationalisé parce qu'on ne voyait pas comment on pouvait provoquer autrement les changements désirés. Ici, le cas typique est Hydro-Québec. L'organisation d'un réseau de production et de distribution intégré, fournissant sur tout le territoire du courant électrique au même prix, ne pouvait se réaliser que par la nationalisation. On a examiné précédemment d'autres exemples. Sidbec en est un, Asbestos Corporation en est un autre. Dans l'ensemble, cependant, au Québec, l'État a moins nationalisé que créé des entreprises d'État qui, à leur tour, achetaient des entreprises privées (la SGF, par exemple). Dans tous les cas, la question se pose : doit-on privatiser, quand doit-on le faire et comment ?

Le cas le plus intéressant, et de loin, est celui d'Hydro-Québec. C'est le vaisseau amiral de la réussite québécoise. Les transformations qu'elle devait apporter ont été, à tous égards, réussies. Hydro-Québec n'a plus de révolution à opérer.

Elle doit être gérée au mieux dans l'intérêt des Québécois. Elle est rentable (une année portant l'autre, les profits nets représentent environ 20 % du chiffre d'affaires). Le gouvernement ayant décidé de consolider les revenus d'Hydro-Québec avec ceux de l'État, il s'est placé en conflit d'intérêts patent. Plus les tarifs augmentent, plus s'améliore le solde budgétaire du gouvernement. Les tarifs sont, cependant, contrôlés par la Régie de l'électricité et du gaz, qui cherche à modérer les appétits du ministère des Finances.

Il y a bien des façons de privatiser Hydro-Québec. Sur la base de nombreux exemples étrangers, on peut dégager trois principaux modèles. Le premier consiste à mettre sur le marché une partie substantielle du capital-actions mais qui est appelée à rester minoritaire. Une politique de dividende est établie et l'objectif est de distribuer dans un grand nombre de portefeuilles des actions qui sont un placement de « bon père de famille ». L'État reste cependant majoritaire et fait gérer la société avec une perspective à long terme où la recherche et le développement jouent un grand rôle.

En vertu de la seconde formule, l'État accepte de ne plus être majoritaire. La gestion de la société passe entre des mains privées, pas forcément québécoises, l'État gardant cependant suffisamment d'actions pour faire sentir sa présence au conseil d'administration et s'appuyant ou ne s'appuyant pas sur la Caisse de dépôt et placement pour amplifier son influence, dépendant de l'état d'esprit du moment de ceux qui gèrent la Caisse. Les pressions pour augmenter radicalement les tarifs peuvent devenir décisives, tant l'ampleur des sommes en cause est grande.

La troisième formule consiste à vendre par étapes toutes les actions sur le marché, l'État ne gardant qu'une seule action dite *Golden Share*, qui prédomine sur toutes les autres actions pour toutes décisions prévues par la loi : transfert à l'étranger du contrôle de l'entreprise et de son siège social, modification importante des fonctions de l'entreprise, par exemple.

La formule a été inventée par le gouvernement de Mme Margaret Thatcher en Grande-Bretagne et a été adoptée par plusieurs pays, européens surtout. Récemment encore, lorsqu'une entreprise brésilienne, Vale, a voulu acheter International Nickel, une entreprise canadienne qui était le plus grand producteur de nickel du monde, on s'est rendu compte que le contrôle de l'entreprise brésilienne était protégé par une *Golden Share*, alors que International Nickel ne l'était pas. Vale a finalement acheté International Nickel en 2006.

Hydro-Québec a, dans l'état actuel des choses, une grande valeur. Si, comme le demandent tant de membres de l'élite québécoise, on augmentait les tarifs au niveau de ceux de l'Ontario, la vente complète d'Hydro-Québec permettrait de rembourser toute la dette du Québec[84].

Les obstacles : l'impôt et le public

Ces propositions, qui méritent une sérieuse discussion, ne peuvent cependant être menées bien loin dans le cadre fédéral actuel. Un principe fondamental de notre régime politique veut que l'État ne puisse pas taxer l'État. Donc, le gouvernement fédéral ne peut pas taxer une société d'État provinciale. Sur le plan fiscal, une société d'État est une entreprise ou un organisme dans lequel l'État contrôle au moins 90 % des actions. Tout ce qui peut être privatisé, c'est donc 10 % des actions d'Hydro-Québec. Pour pouvoir envisager l'une ou l'autre des formules auxquelles j'ai fait allusion, il faut ou bien accepter qu'Hydro-Québec ne soit plus une société d'État, et donc ses profits seront taxés comme ceux de n'importe quelle grande entreprise canadienne (19 % de ses profits seraient versés à Ottawa), ou faire en sorte que le Québec soit un pays indépendant.

---

84. Jean-François Lisée fait de cette question une démonstration très claire dans *Pour une gauche efficace*, Montréal, Boréal, 2008, p. 76-77. Dans son esprit, la hausse des tarifs est compensée par une baisse des impôts.

Il faut aussi penser au fardeau fiscal. Quand un gouvernement dispose d'un monopole qui est très correctement rentable et qu'il décide d'augmenter les tarifs, c'est une taxe qu'il lève. Il ne faut pas jouer sur les mots. Cette idée qu'il faut constamment s'aligner sur l'Ontario chaque fois qu'un prix, une taxe ou un impôt est, au Québec, plus bas que dans la province voisine, mais sans baisser les prix, les taxes ou les impôts qui sont *au-dessus* de ceux de l'Ontario, est une aberration. Oui, l'impôt sur le revenu est plus élevé au Québec qu'en Ontario, et le prix de l'électricité est plus faible. C'est peut-être très bien comme cela, tant qu'on dispose de toute l'électricité nécessaire pour satisfaire les besoins de l'exportation[85].

Enfin, il faut tenir compte des réactions du public. Pour une foule de Québécois d'un certain âge, Hydro-Québec est le symbole de leur réussite collective et de leur fierté d'avoir « été capables ». Hydro-Québec a dissipé les complexes d'infériorité. Et cela s'est fait proprement, sans scandales, et en français. Elle est à manipuler avec précaution, cette institution nationale. À deux reprises dans le passé, j'ai suggéré que Hydro-Québec vende 10 % de ses actions, de façon à ouvrir la porte à une participation financière du public à ce qui est, après tout, son plus bel actif. Dans les deux cas, la réaction fut immédiate et négative. Les gens aiment leur Hydro-Québec comme elle est. Comme le disait autrefois le slogan : « Nous sommes tous Hydro-Québécois. »

Il n'en reste pas moins que l'on dispose d'un actif de très grande valeur financière et que l'évaluation des dettes et des actifs du Québec qui ne tient pas compte, comme c'est si souvent le cas, d'Hydro-Québec, est nécessairement faussée[86].

---

85. Si jamais on en manque, il faudrait regarder du côté des économies d'énergie. Ni comme ministre des Finances ni comme premier ministre, je n'ai jamais pu savoir quel coût marginal est le plus élevé entre économiser un kilowattheure ou le produire. Ce sont là des questions compliquées qui demandent un peu plus de réflexion que le simple réflexe : le consommateur paiera.

86. Comme on l'a vu dans le chapitre VII, page 145.

L'importance des centres de décisions

On termine cette analyse par où on l'a commencée : les centres de décisions. Au Québec, on ne peut pas discuter de cette question sans tenir compte de la Caisse de dépôt et placement. Elle est au cœur de toute politique à cet égard. Ce dont on discute ici, c'est de l'exercice du pouvoir économique. Il n'y a pas d'ambiguïté à ce sujet. Ceux qui font partie du débat, ceux qui s'affrontent savent très bien qu'il ne s'agit pas d'approuver l'économie de marché ou de s'y opposer. Nous partageons tous les mêmes règles du jeu. Il s'agit de savoir où vont se prendre les décisions et qui va les prendre. La phrase de Henri-Paul Rousseau qui ouvre ce chapitre est très claire. On peut bien vouloir au Québec des leaders, des champions industriels, mais ce n'est pas l'affaire de la Caisse : que le gouvernement s'en occupe. Et comme il n'est pas équipé ou organisé pour assumer seul cette tâche et que celui qui devrait être son principal partenaire se dérobe, il ne se passera rien. Dans le cadre de la mondialisation d'aujourd'hui, laisser au hasard des mouvements de fusion et d'acquisition, ce qui arrivera aux plus grandes entreprises du pays, est irresponsable. Bien sûr, l'argument du rendement — optimal, dit la loi de la Caisse, comme si ce mot avait la moindre signification opérationnelle — est l'argument massue dont on se sert pour s'opposer à toute intervention dans les stratégies d'entreprises. Évidemment, c'est plus facile de recevoir des fonds gratuitement et les investir dans des opérations financières que de s'associer à des entrepreneurs. Il y a maintenant une opposition flagrante entre l'économie financière et l'économie entrepreneuriale. Il est plus facile de spéculer que de créer de l'emploi ou de participer à des innovations. Et souvent, cela rapporte davantage… jusqu'à ce que ça casse, comme en 2008. Après les énormes pertes de cette année-là, il faut cesser d'affirmer que la protection des pensions est mieux servie par les opérations financières que par les opérations industrielles, commerciales ou de services. C'est la crise financière qui a créé la crise économique, pas le contraire.

Les responsabilités
de la Caisse de dépôt et placement

De par l'origine de ses fonds, la première responsabilité de la Caisse est à l'égard du Québec. De par l'importance des fonds qu'elle gère, la Caisse est un rouage essentiel de l'économie du Québec. Elle dispose des plus importants portefeuilles de titres du secteur public québécois, du plus gros portefeuille immobilier du Québec et du plus important portefeuille d'actions d'entreprises. Elle ne peut jouer les Ponce Pilate, pas plus que le gouvernement puisse suggérer qu'il ne sait pas très bien ce qui s'y passe.

De sa création en 1965 jusqu'en 1981, la Caisse n'a investi qu'au Québec et au Canada à partir d'un cadre strict et basé sur la prudence qui était celui des compagnies d'assurance-vie. Les actions d'entreprises accessibles à la Caisse étaient définies par l'article 981(o) du Code civil comme placement de « bon père de famille ». Une clause omnibus limitait à 7 % de l'actif total la valeur maximale de titres non conformes aux dispositions réglementaires que la Caisse pouvait posséder. Même sujette à ces restrictions, la capacité de la Caisse d'acquérir des actions d'entreprises soulevait beaucoup d'objections de la part de ceux qui ne voulaient pas que l'État s'introduise dans le fonctionnement de l'entreprise. À la fin de cette période apparaît l'idée que la Caisse est devenue si grosse qu'il faut la découper en morceaux, ce qui serait une façon comme une autre de disperser l'influence de l'État. Il est vrai, en tout cas, que la taille de la Caisse commençait à poser problème. En particulier pour les titres d'entreprises, actions et obligations, la Caisse ayant une influence parfois indue sur les marchés.

En tant que ministre des Finances, j'ai autorisé la Caisse à commencer des achats de titres et de participations à l'étranger. Pendant quelques années, ces prises de participation eurent souvent des rapports avec l'économie québécoise. Ainsi, une participation fut prise dans le capital d'une aluminerie américaine alors que celle-ci agrandissait ses installations au Québec.

Et puis vint la déréglementation des institutions financières à laquelle le gouvernement de Québec participa avec enthousiasme, pour ce qui a trait à la Caisse surtout. On en arriva à la loi de 2004, en vertu de laquelle la Caisse était autorisée à s'engager dans les transactions les plus nouvelles et les plus exotiques, et où le règlement d'application échappait à tout contrôle du gouvernement. La Caisse pouvait faire à peu près ce qu'elle voulait. Elle était alors devenue un des grands fonds financiers souverains dans le monde. Le plus important, au moment où la crise financière éclate, dispose d'environ 900 milliards d'actifs. Il y en a une poignée entre 400 et 600 milliards, et une douzaine entre 200 et 400. Avec ses 260 milliards, la Caisse joue dans la cour des grands[87]. Elle est le deuxième plus gros actionnaire de la plus grande entreprise de gestion d'aéroports dans le monde, elle est le plus grand investisseur immobilier étranger en France (devant les cheiks arabes). Elle a emprunté l'équivalent de la moitié de l'actif de ses déposants pour s'engager dans des opérations financières excitantes. Le Québec n'est plus l'objectif majeur, ou plutôt la vocation mondiale de la Caisse devrait faire apparaître des rendements remarquables dont les pensionnés du Québec n'auront qu'à se féliciter. Au Québec, on investit comme dans un marché mûr, où l'on se doit d'être un peu partout, mais sans responsabilité particulière.

C'est cette vision mondialiste qui vient de s'écrouler. Temporairement peut-être. Pendant un an ou deux, on va rester calmes, déclarer des profits, en attendant de repartir à l'assaut de la planète.

Il est clair, évident, qu'un Québec indépendant ne peut laisser la Caisse définir ses orientations. Le danger serait trop grand. Les jours qui suivraient un référendum gagné seraient marqués par une turbulence assez grande. La Caisse doit constituer, avec d'autres institutions, une masse importante de

---

87. L'actif total au 31 décembre 2007.

liquidités[88]. Ce seul fait tranquillise les marchés. La marche à suivre ensuite est bien connue, comme est connu le fait qu'à ce jeu-là, la Caisse ne peut pas perdre. Mais si la Caisse refusait de bouger? Si elle annonçait qu'elle s'en remet ici aux forces du marché? Et que — soyons ironique — la Chine l'intéresse davantage?

Une fois le Québec devenu un pays, une fois compris le fait que le dollar canadien reste la monnaie du nouveau pays et que l'ALENA ou la zone de libre-échange avec les États-Unis est maintenue, il faut définir le rôle de la plus grande institution du pays en termes d'accumulation de capital sur le même pied, quant à l'importance de l'actif, que le Mouvement Desjardins et la Banque nationale.

La Caisse de dépôt et placement dans un Québec indépendant

L'opération la plus urgente dès qu'un changement de gouvernement se produira sera de rétablir des règles de prudence élémentaire. La Caisse n'est pas un *Hedge Fund* et n'a pas à prendre les risques que prennent ceux qui jouent leur propre argent. Cela implique que l'on révise les règles de placement, qu'on interdise certains types de transactions à découvert, d'opérations sur produits dérivés et l'utilisation d'effets de leviers abusifs et dangereux. Les règlements applicables aux placements devront être approuvés par le gouvernement. On criera que l'on touche à l'indépendance de la Caisse. C'est exact. Personne n'a le droit de manipuler une partie importante de l'épargne des citoyens d'un pays sans surveillance et sans avoir à rendre compte plus qu'une fois par an. L'expérience a été faite. Elle a échoué. Il faut revenir à une situation plus raisonnable.

Il faudrait définir ensuite les tâches de la Caisse au Québec et celles de la Caisse à l'étranger. Il serait absurde de forcer la

---

88. Le plan O de 1995.

Caisse à investir tous ses fonds au Québec, mais surtout impossible. Il faut donc établir des règles pour la Caisse au Québec (et qui déborderaient sur le Canada dans la mesure où les entreprises des deux pays vont rester intégrées comme elles le sont aujourd'hui) et des règles pour la Caisse ailleurs dans le monde. Les règles ne peuvent pas être les mêmes : la Caisse — on l'a dit — a des responsabilités à l'égard du Québec qu'elle n'a pas à l'égard d'autres pays.

Au Québec, la Caisse devra faciliter la gestion de la dette publique, comme une banque centrale le fait dans la plupart des pays. Il s'agit d'opérations techniques dont un ministère des Finances détermine la stratégie et qu'exécute l'institution financière désignée. Il n'y a pas de risques à cela. Rien de comparable à la gestion du marché du papier commercial adossé à des actifs (PCAA) que la Caisse a créé puis essayé de gérer.

La Caisse n'a pas à jouer les entrepreneurs québécois. Elle doit les appuyer, les financer, les laisser tomber s'il le faut, participer à des opérations de fusion ou d'acquisition, sans avoir à obtenir d'autorisation du gouvernement ou être sanctionnée par lui, mais elle doit comprendre les politiques que le gouvernement élabore et aider à leur réalisation dans la mesure où elles lui semblent compatibles avec son propre intérêt. L'exercice est délicat, difficile, compliqué. Pour le faire correctement, le président doit disposer d'une protection blindée que seule l'Assemblée nationale peut lui donner. Il faut revenir aux dispositions de l'ancienne loi de la Caisse. Le président ne peut être limogé qu'à la suite d'un vote de l'Assemblée nationale. Cela étant acquis, le ministre des Finances peut manifester clairement son désaccord avec un président qui ne voudrait pas protéger le contrôle québécois sur Bombardier. La phrase de Henri-Paul Rousseau qui ouvrait ce chapitre n'a aucun sens dans un Québec souverain.

Cela ne veut pas dire qu'il faille chercher à éviter toute vente du contrôle d'une grande entreprise québécoise à l'étranger.

On ne peut vouloir acheter le contrôle d'entreprises aux États-Unis et proscrire l'inverse ici.

Cela ne veut pas dire — surtout pas — qu'on se désintéresse du rendement des placements. Mais on ne devrait pas chercher à l'atteindre en prenant des risques financiers énormes et des risques d'entreprises faibles. On sait ce que cela a donné. Il faut revenir aux règles de bon sens — la diversification, l'importance des participations minoritaires qui permettent de comprendre ce qui se passe et parfois d'influencer les décisions, le maintien d'un certain sens des proportions : on n'a pas à se vanter de perdre 100 millions de dollars dans une des grandes multinationales sous contrôle québécois et 2 milliards dans la gestion des aéroports de Londres.

Une fois qu'on a une idée assez claire de son rôle et de ses responsabilités au Québec, il faut, pour ce qui est placé dans le reste du monde, chercher le meilleur rendement possible compatible avec les risques qui sont appropriés pour un organisme qui gère des pensions. Néanmoins, il peut être fort intéressant de donner un coup de main à une multinationale québécoise qui veut acheter une filiale ou un réseau de distribution aux États-Unis, en Europe ou en Chine... Rien n'est simple. L'intérêt public n'est pas toujours facile à interpréter. Mais il doit primer tous les autres intérêts.

CHAPITRE XI

L'État et le citoyen (première partie)

Dans le chapitre précédent, j'ai tenté de traiter des rapports de l'État et de l'entreprise. C'est là que se trouve la clé de la croissance économique et de la prospérité. Le présent chapitre aborde les rapports de l'État et du citoyen, c'est-à-dire l'aboutissement de tout montage de programmes économiques, financiers et sociaux. Il y a des communautés qui, sur la base de critères statistiques, sont prospères, voire riches, mais constituées d'une famille royale et d'une population pauvre et sans avenir... Il y a des sociétés en plein développement où l'air est irrespirable et les rues, dangereuses. Le développement économique n'a finalement d'ultime objet qu'une prospérité correctement partagée, une égalité des chances et une qualité de vie satisfaisante.

Le Québec fait partie de ces sociétés où, à des degrés divers, mais de façon substantielle, ces trois objectifs sont atteints. Comme le disait autrefois René Lévesque, le régime politique dans lequel le Québec fonctionne n'est pas le goulag. Les Québécois font cependant face à un certain nombre de problèmes d'importance variable qui durent et perdurent pour des raisons d'ordre politique et qui ne semblent pas pouvoir aboutir. Certaines questions, on l'a vu à plusieurs reprises dans cet ouvrage, ne trouvent pas de réponses, non seulement année après année, mais génération après génération. Elles n'ont pas toutes la même importance ou la même signification, mais maintiennent cette impression d'une société bloquée, qu'on ne sait plus comment faire avancer. La recherche de solutions ne doit toutefois pas être simpliste. L'indépendance du Québec n'est pas la panacée. Elle ne rend pas automatiquement intelligent. Elle ne rend pas automatiquement stupide non plus. Les choix des politiques et des programmes, la volonté politique aussi — on aurait le goût de dire surtout — permettent de changer certaines choses. Il ne faut néanmoins pas oublier qu'à l'origine des problèmes d'aujourd'hui, il faut souvent chercher les carences de ceux qui exercent et qui ont exercé le pouvoir. D'autre part, certaines questions — on pense ici à des questions environnementales — ne peuvent se régler qu'à un niveau mondial où il n'apparaîtra de résultat que si les pays les plus peuplés du monde arrivent à s'entendre. Ce qui ne veut évidemment pas dire que les Québécois n'ont aucun rôle à jouer. Il est exact, cependant, que certains problèmes ne peuvent trouver de solutions acceptables que dans la mesure où le Québec devient un pays souverain.

Formation, taxation, langue et environnement

Je ne vais pas chercher à couvrir trop de terrains. Il vaut mieux avoir des idées claires sur un petit nombre de sujets plutôt que de dresser en quelques pages une longue nomenclature. L'important, c'est de comprendre comment on peut aborder la solution de quelques problèmes véritables qui touchent la vie de tous les jours. J'aborderai quatre sujets :

1- La formation professionnelle et technique, l'adaptation au marché et la protection contre le chômage ;
2- La répartition des revenus et la taxation ;
3- La langue : comment s'assurer que la société québécoise fonctionne en français ?
4- L'environnement : que doivent, que peuvent faire les Québécois à l'égard des changements climatiques ?

Ces quatre questions sont très vastes. La première se réfère à une condition essentielle de la croissance de l'économie et des revenus de ceux qui composent la société. Comment faire en sorte que les revenus des gens augmentent substantiellement, que le chômage ne dure pas longtemps et que s'impose l'idée que chaque génération vivra mieux que la précédente?

La seconde a trait à deux questions: le Québécois est-il trop taxé et mal taxé? La redistribution se fait-elle correctement? Comment peut-on s'assurer que chacun paie sa part du fardeau fiscal et que soient fermées les échappatoires? Les décisions se prennent en fonction d'une certaine vision qu'on a de la justice sociale. Il est certain, cependant, qu'elles ont une forte influence sur l'évolution de l'économie. Comment équilibrer les choses?

La question de la langue est compliquée. Pour les gens de ma génération, les progrès du français grâce à la loi 101 sont immenses. Mais le français comme langue de travail? Le système scolaire anglophone ne prépare pas les élèves à gagner leur vie en français et le système francophone ne prépare pas les siens à fonctionner en Amérique du Nord. Ottawa impose le bilinguisme et Québec, le français. Comment l'immigrant s'intègre-t-il et à quoi?

Enfin, la dernière question a trait à ce qui est devenu très proche des Québécois: la protection de l'environnement et, ces temps-ci, les changements climatiques. Mais, compte tenu des réticences américaines et canadiennes, la politique peut-elle être autre chose que québécoise? La Bourse du carbone a-t-elle un avenir?

Je suis bien conscient de la complexité de ces quatre questions, mais il faut pouvoir y répondre. Et il faut déterminer ce qui peut être réglé dans le système politique actuel et ce qui ne peut l'être qu'en changeant de système.

On comprend maintenant assez bien que, parmi toutes les conditions qui permettent à l'entreprise de maintenir son dynamisme et son caractère concurrentiel, il y en a deux qui concernent particulièrement sa main-d'œuvre. La première, c'est l'aptitude à embaucher et à licencier les employés avec une certaine latitude. La seconde, c'est d'avoir accès à une main-d'œuvre bien formée.

Flexibilité du marché de la main-d'œuvre et protection du travailleur

La première condition est loin d'être évidente. Si l'employé peut être mis à pied sans une solide protection financière, si le droit de le licencier devient l'expression d'une sorte de capitalisme sauvage, l'État interviendra tôt ou tard et imposera des contraintes draconiennes à l'entreprise. Si on veut maintenir un maximum de flexibilité dans l'emploi, il faut non seulement monter un système généreux d'assurance-chômage, mais éviter, une fois que les prestations sont épuisées, que le chômeur tombe dans une trappe de pauvreté d'où il lui sera difficile de sortir.

La seconde condition a trait à la formation de la main-d'œuvre. Il faut l'assurer avant l'entrée du jeune sur le marché du travail et par la suite tout au long de sa carrière. L'entreprise ne peut vouloir disposer d'une grande souplesse dans l'emploi et récuser toute responsabilité à l'égard de la formation de sa main-d'œuvre. L'État est parfaitement en droit d'exiger (avec les incitatifs appropriés) qu'une protection appréciable du revenu s'accompagne de la poursuite de la formation. Au Québec comme au Canada, on a eu de la difficulté à comprendre ces principes, chacun des deux ordres de gouvernement poursuivant des objectifs différents.

Ottawa, pour se sortir des énormes déficits qui, à un moment, atteignaient la moitié des revenus budgétaires, s'est servi de l'assurance-chômage comme d'un levier pour rétablir la situation. En réduisant radicalement l'accessibilité à l'assurance-chômage et le montant des prestations, en maintenant les cotisations à un niveau bien plus élevé que ce que cette soi-disant assurance pouvait justifier, le gouvernement fédéral a transformé le programme (rebaptisé assurance-emploi) en moyen de dévaliser le public, ce qui explique pour une bonne part non seulement le retour à l'équilibre budgétaire, mais les surplus considérables des dix années qui ont précédé la récession 2008-2009. Quand commence la récession, la moitié des chômeurs n'a pas accès à l'assurance-emploi.

Québec, par le truchement de l'aide sociale, contrôle l'assistance de dernier recours. Un effort a été fait depuis une quinzaine d'années pour restreindre l'accessibilité, mais surtout les taux de base ont été maintenus à un niveau assez faible, en même temps que des incitatifs à s'engager dans des programmes de formation et de réinsertion étaient mis en place. En 1996-1997, la prestation annuelle moyenne était (en dollars constants de 2005) de 8 819 dollars contre 7 873 en 2005-2006[89].

Depuis fort longtemps, les deux gouvernements se sont livrés à des expériences de formation professionnelle et de réinsertion. Le traité canado-américain de libre-échange, par exemple, prévoyait des dispositions assez détaillées à cet égard, qui cependant servirent assez peu. À Québec, dès 1982, en pleine récession, des expériences furent amorcées.

Les programmes de formation professionnelle d'Ottawa furent transférés à Québec en 1998. Québec imposa en 1995 une taxe de 1 % sur la masse salariale destinée à la formation à laquelle une entreprise pouvait échapper en assurant elle-même la formation de son personnel. Le système fut, cependant, récemment démantelé.

Désordre et gaspillage

Le système scolaire et collégial est évidemment organisé pour assurer une formation professionnelle et technique aux jeunes et aux adultes, mais on a vu précédemment l'ampleur des taux de décrochage et d'échec. Il y a un coût social et économique considérable à maintenir dans une société un tel nombre de décrocheurs et un si bas niveau de scolarité. L'économiste Pierre Fortin l'a fait ressortir à partir des chiffres suivants.

---

89. Institut de la Statistique du Québec, *Le Québec statistique*, section Revenus, 31 janvier 2008, p.9.

Voici, pour les travailleurs de 25 à 54 ans, en 2007, les taux d'emploi et le salaire hebdomadaire moyen selon le niveau de scolarité[90] :

	Taux d'emploi en %	Salaire hebdomadaire en $
Aucun diplôme	61 %	573 $
Études secondaires	78 %	682 $
Études professionnelles ou collégiales	86 %	743 $
Diplôme universitaire	88 %	1 004 $

En fait, le système canadien et québécois — si on peut parler de système — est un modèle d'incohérence et d'inefficacité, en même temps que de pingrerie. Les employeurs ont une latitude très nord-américaine pour licencier à volonté, et avec même moins d'obligations qu'aux États-Unis. Là-bas, on associe à l'assurance-chômage un système d'*experience rating* qui pénalise les employeurs qui licencient beaucoup et récompense ceux qui licencient moins. C'est peu de choses par rapport à ce qui se fait en Europe, mais non seulement cela n'existe pas ici, mais on fait le contraire : on pénalise le travailleur qui change trop souvent d'emploi.

Non seulement l'assurance-chômage est-elle partielle, limitée et ne dure pas longtemps, mais, pour avoir accès à l'aide sociale, il faut démontrer que l'on a peu de biens. Le travailleur économe et prévoyant est invité à s'endetter ou à vendre ce qu'il a[91].

La formation professionnelle

L'employeur n'est pas systématiquement appelé à collaborer à la formation professionnelle de ses travailleurs (autrement que de

---

90. Cité dans Luc Godbout et Suzie St-Cerny, *Le Québec, un paradis pour les familles*, Québec, Presses de l'Université Laval, 2008, p. 37.

91. Jean-François Lisée, *Pour une gauche efficace, op. cit.*, p. 147. Plusieurs des éléments factuels de cette section sont tirés de cet ouvrage.

façon ponctuelle). Lorsqu'une récession se déclenche, et que le nombre de chômeurs monte en flèche (48% entre juillet 2008 et juillet 2009 en Ontario, 23% au Québec), c'est à chacun de décider comment se débrouiller. Sans doute, de temps à autre, quand une situation semble particulièrement dramatique (la crise forestière, entre autres), les pressions de l'opinion publique décident les gouvernements à lancer des programmes spéciaux pour les travailleurs âgés, par exemple. Mais il n'y a pas de vision, pas de perspectives. Il est remarquable qu'en pleine récession, en 2009, le gouvernement et l'opposition officielle aient, à Ottawa, organisé un comité pour étudier les modifications à apporter à l'assurance-emploi, qui soient suffisantes pour éviter que le gouvernement minoritaire ne tombe. À peu près en même temps, le Conseil de la fédération, qui regroupe les provinces et les territoires, examinait la même question et laissait tomber, dans un silence éloquent, la proposition du premier ministre du Québec de trouver un moyen de relier la réforme de l'assurance-chômage et la formation professionnelle. Comme était restée lettre morte la proposition faite en 2004 par l'OCDE que le Canada adopte l'*experience rating* américain, ou la fixation de taux particuliers selon l'expérience.

En fait, le système est injuste, inefficace et, disons-le, malhonnête. Dans l'intérêt même de la productivité des entreprises québécoises et pour protéger le travailleur, lui permettre d'améliorer son niveau de vie, il faut non pas modifier le système — il n'y en a pas — mais en créer un. Cela ne peut être fait que par UN gouvernement. Il y a trop de sociétés qui y sont arrivées (les pays scandinaves, par exemple, ou même la Grande-Bretagne et l'Allemagne) pour que l'on puisse se persuader que le désordre est inévitable.

Les exigences minimales

Il n'est pas question d'esquisser en quelques pages comment un système québécois cohérent peut fonctionner mais, d'ores et déjà, on sait qu'il doit comporter certains éléments de base :

1- Une véritable filière professionnelle et technique doit être accessible aux jeunes. Les stages en entreprises doivent être incorporés au programme. Des diplômes doivent sanctionner cette filière. Il faut examiner la question des incitatifs à la persistance des études ;

2- Le travailleur adulte doit avoir le droit à la formation, soit dans son entreprise, soit ailleurs, soit pour se perfectionner dans son métier, soit pour en changer. Depuis quelques années, plusieurs pays reconnaissent ce droit et prennent les mesures nécessaires pour que le travailleur puisse concrètement l'exercer. À cet égard, le *skills account*[92] du travailleur britannique est une innovation remarquable. Depuis qu'on l'a lancé en 2001, près de 4 millions de personnes ont ouvert «leur compte» et 50 000 entreprises participent au projet ;

3- Le chômage doit rapidement déboucher sur l'aide à la recherche d'emploi, l'amélioration de la compétence dans le champ déjà occupé, ou la préparation à une autre orientation ;

4- L'aide de dernier recours pour ceux qui sont aptes au travail ne doit pas être inconditionnelle. Elle doit comporter des exigences. Elle doit aussi fournir un niveau de vie décent.

L'opération dont il s'agit est majeure. Elle implique la mise en place d'une administration considérable. Les entreprises seront

---

92. «Chaque Britannique intéressé [peut] avoir un *skills account* qui lui permettra de déterminer le niveau de formation, d'aide financière, de soutien indirect (par exemple, garde et transport pour les parents seuls) dont il a besoin pour (ré)-apprendre à lire, passer le niveau technique et atteindre le niveau professionnel.» Jean-François Lisée, *Pour une gauche efficace, op. cit.*, p. 145.

sollicitées comme elles ne l'ont jamais été jusqu'ici. C'est dans leur intérêt le plus strict. Quant aux syndicats, il s'agira sans doute d'un défi unique, inédit. Le projet se situe sur le même pied que la révolution de l'enseignement des années 1960. Et comme dans ce cas-là, un gouvernement doit en être responsable.

L'impôt et la redistribution

Si le régime fédéral canadien a été un obstacle redoutable à l'établissement d'une politique efficace de gestion de l'emploi et de la formation de la main-d'œuvre, il n'en est pas de même pour l'impôt des particuliers et la redistribution des revenus. À partir du moment, en 1972, où les provinces ont pu établir leur propre fiscalité dans les champs que la Constitution canadienne les autorise à exploiter, les gouvernements successifs au Québec se sont donné des objectifs et ont découvert qu'ils avaient les moyens de les réaliser. Deux exemples sont révélateurs à cet égard : la lutte contre la pauvreté et, davantage encore, la politique familiale.

Deux questions, cependant, ne peuvent être réglées correctement dans le régime politique actuel : l'impôt provincial sur les profits des sociétés et l'évasion vers les paradis fiscaux sont très difficiles à contrôler. On y reviendra plus loin.

Il est de notoriété publique que l'impôt sur le revenu est au Québec plus lourd que partout ailleurs en Amérique. Si on se fie aux taux d'impôt, cela est clair. Si on tient compte des cotisations sociales (telles que la cotisation à la Régie des rentes) et des prestations distribuées aux particuliers par le régime fiscal (les divers crédits d'impôt, par exemple), c'est-à-dire lorsqu'on compare les charges fiscales nettes pour diverses catégories de contribuables gagnant divers niveaux de revenus, la situation n'est pas du tout la même[93].

---

93. Célibataire, couple sans enfant, couple avec deux enfants, personne monoparentale avec enfants. Quant aux revenus, on utilisera des fractions et des multiples du salaire moyen.

Le Québec n'est pas un enfer fiscal

Les travaux de Luc Godbout ont beaucoup contribué à dissiper les impressions alarmistes sur ces questions. La conclusion de sa plus récente étude mérite d'être citée au complet ; elle est remarquablement claire :

> En évitant le piège de la comparaison de la charge fiscale qui porterait uniquement sur le poids des impôts sur le revenu, les résultats de l'année d'imposition 2008 apportent un éclairage intéressant sur la charge fiscale au Québec et son évolution récente.
>
> D'abord, prise dans son ensemble, elle n'apparaît pas plus élevée qu'ailleurs. Même si le Québec utilise davantage l'impôt sur le revenu que d'autres pays du G7, les cotisations sociales plus faibles jumelées aux généreuses prestations mises en place par le régime fiscal ont pour effet de positionner favorablement les résultats du Québec en regard des pays du G7.
>
> - À cet effet, la charge fiscale nette au Québec en 2008 n'est jamais la plus élevée parmi les pays du G7.
> - Au contraire, dans tous les cas présentés, la charge fiscale nette du Québec en 2008 est invariablement sous la moyenne des pays du G7 et de l'OCDE.
> - De plus, dans les situations familiales avec enfants à charge, la charge fiscale nette au Québec en 2008 est toujours au premier rang du G7 [la moins élevée].
> - De plus, en comparant les résultats de l'année d'imposition 2008 à ceux de l'année 2000, le Québec serait le champion des récentes réductions d'impôts.
> - Dans tous les cas, c'est le Québec qui a connu les plus importantes baisses de la charge fiscale nette en points de pourcentage entre 2000 et 2008.
> - Dans le classement des pays du G7, le Québec a donc pu améliorer sa position relative en 2008 ou demeurer au premier rang.

- Ce faisant, une comparaison plus spécifique avec les États-Unis révèle aussi une amélioration sensible de la position concurrentielle de la charge fiscale québécoise. Alors qu'en 2000, le bilan était partagé, la moitié des situations analysées avantageaient le Québec, l'autre les États-Unis. En 2008, 6 cas sur 8 favorisaient le Québec. Dans les deux cas restants, le Québec a malgré tout réduit l'écart avec les États-Unis, le faisant passer d'environ 5 points de pourcentage à moins d'un point.

Le présent cahier de recherche, grâce à l'approche développée par l'OCDE, expose non seulement l'importance de bien comparer la charge fiscale, mais rend possible la mise au rencart d'une perception erronée faisant du Québec un soi-disant enfer fiscal[94].

Cela, me semble-t-il, règle la question. La structure de l'impôt sur le revenu n'en est pas pour autant parfaite. Il est évident, par exemple, que le taux maximum d'impôt du Québec est atteint beaucoup trop tôt, aux environs de 80 000 $. La pente est trop raide, le fardeau est trop lourd pour les revenus moyens, alors que les hauts revenus s'en tirent relativement bien : 80 000 $ ou 300 000 $, c'est le même taux. Ottawa fixe son seuil maximum à partir de 125 000 $, le gouvernement américain, à partir de 250 000 $. Corriger le tir va coûter cher et ne pourra être fait que graduellement et en faisant appel à d'autres sources de taxation. Je veux parler, bien sûr, des taxes sur les transactions, dites taxe sur la valeur ajoutée (TVA) dans un grand nombre de pays, et TPS au Canada, plus ou moins harmonisées avec les taxes de vente des provinces (TVQ au Québec).

---

94. Luc Godbout et Suzie St-Cerny, *Année d'imposition 2008 : la charge fiscale nette des particuliers au Québec et dans le G7. La palme au Québec, est-ce possible ?*, Sherbrooke, Université de Sherbrooke, Chaire de recherche en fiscalité et finances publiques, p. 22-23.

Ce n'est pas par hasard que la plupart des pays recourent à la TVA. C'est le consommateur qui la paie, elle ne présente en fin de compte aucune charge pour l'entreprise. Donc, elle ne grève pas le prix du produit exporté et est payée sur les produits importés quand ils aboutissent entre les mains du consommateur. En somme, les exportations ne sont pas gênées et les importations sont taxées comme les produits domestiques. Il peut y avoir un seul taux ou quelques-uns. Tout peut être taxé ou on peut exempter ce qui est considéré comme essentiel (aliments, médicaments, par exemple). Les bas revenus peuvent être dispensés du fardeau de la TVA, grâce à des crédits d'impôt.

Mais comme on l'a vu dans un chapitre précédent, il n'y a pas de taxe de vente fédérale aux États-Unis. La richesse de l'Alberta lui permet de se passer, elle aussi, de taxe de vente. Il y a donc à Ottawa comme une sorte de gêne à l'égard de la TPS. Les libéraux, espérant prendre le pouvoir, ont déjà promis de la supprimer (ce qu'ils se sont bien gardés de faire lorsqu'ils le prirent). Pour faire oublier le scandale des surplus dus à la surtaxation des travailleurs par l'assurance-chômage (pardon ! - emploi), les conservateurs réduisirent de 7 % à 5 % le taux de la TPS. Et le plus surprenant est encore d'avoir vu Québec qui, après s'être plaint pendant des années du déséquilibre fiscal, a laissé sur la table, sans y toucher, ces deux points de la taxe la moins douloureuse qui soit et qui rapportent un milliard et quart de dollars par année, chacun.

Il est important de comprendre, par des exemples comme ceux-là, à quel point une marge de manœuvre fiscale s'est développée dans la fédération canadienne. Évidemment, si on en abuse, si on exagère le fardeau de la fiscalité, c'est le citoyen lui-même qui imposera ses contraintes. Mais dans l'état actuel des choses, il faut corriger ces impressions que le Québec taxe trop, qu'il emprunte trop et, donc, que son avenir est bouché.

Les sources d'injustice : l'impôt sur les profits

Deux aspects de la fiscalité québécoise créent problème et sont perçus par le public comme une source d'injustice : l'évitement de l'impôt sur les profits des sociétés et le recours des riches aux paradis fiscaux. Il s'agit de deux problèmes techniques et compliqués dont il faut, cependant, comprendre les grandes lignes pour déterminer si un pays indépendant dispose, théoriquement au moins, de pouvoir de contrôle qu'une province n'a pas. Cela demande des explications que je vais tenter de simplifier sans trop caricaturer.

Une entreprise qui opère dans plusieurs pays peut, en principe, déplacer ses profits là où l'impôt sera le plus bas. Elle vendra à une filiale à un prix inférieur au marché, et ne fera donc pas de profit dans le pays d'où part le produit et en fera dans le pays où il arrive pour être vendu au prix de marché. Ou bien, dans le sens inverse, elle exigera des honoraires de gestion exorbitants à sa filiale, qui ainsi déclarera zéro profit ou des pertes pendant que la société mère déclarera des profits gonflés. Il va de soi que les gouvernements ont établi une foule de règles pour empêcher l'itinérance des déclarations de profits, encore qu'il ne soit pas facile d'être efficace dans ce domaine.

Au Canada, entre les provinces canadiennes s'est évidemment posé le problème du partage de l'impôt des compagnies trans-canadiennes, banques, sociétés d'assurances, de transport, manufacturières, de commerce de détail, etc. La formule adoptée fut la suivante : les profits seraient partagés en prenant la moyenne de la part du chiffre d'affaires réalisé et les salaires payés dans chaque province, par rapport au chiffre d'affaires et aux salaires payés dans le Canada tout entier ; chaque province appliquerait son propre taux à la base ainsi établie. Cela devait régler le problème. Tout au moins le croyait-on jusqu'aux élections de 1976, où le Parti québécois prit le pouvoir. Commença alors comme contribution des entreprises à l'unité canadienne une opération de transfert de profits de Montréal à

Toronto. On ouvrit dans cette dernière ville des *sales companies* qui recevaient fictivement de la société mère un produit à bas prix (le papier journal, par exemple) revendu immédiatement au prix du marché. Le même genre d'opération fut utilisé, mais à l'inverse, pour que les profits des raffineries de Montréal soient déclarés en Alberta.

C'est la raison pour laquelle la taxation fut modifiée en 1980. On doubla la contribution d'employeurs aux services de santé, de même que la taxe sur le capital et on réduisit substantiellement le taux d'impôt sur les profits[95]. Les entreprises ne pouvaient jouer avec les bases des deux premières taxes qui, en outre, étaient déductibles du revenu imposable à Ottawa. Les petits jeux s'arrêtèrent net et, en fait, il devint même intéressant de déclarer davantage de profits à Québec.

Le système établi en 1980 était à ce point commode que les gouvernements qui suivirent augmentèrent tous les taux. C'était dangereux. Il faut être prudent, en particulier avec les taxes sur le capital. On peut décourager l'investissement.

Il est évident que, comme pays souverain, le Québec aura à faire face à des tentatives analogues à celles de 1976, après l'élection d'un parti souverainiste au pouvoir et, évidemment, après la déclaration d'indépendance. Il faudra réfléchir aux techniques de contrôle. Elles s'échelonnent de techniques conventionnelles de vérification des prix du marché jusqu'à la formule californienne de déterminer le profit taxable à partir de la proportion de ventes locales (au Québec, par exemple) par rapport aux ventes totales de la compagnie et de ses filiales[96].

---

95. La contribution aux services de santé passa de 1,5 % de la masse salariale à 3 %, la taxe sur le capital passa de 0,45 % à 0,90 %, l'impôt sur les profits passa de 13 % à 3 % pour les petites entreprises et de 13 % à 5,5 % pour les autres. Voir *Discours sur le budget*, 1981-1982, p.25-26..

96. La formule californienne a été déclarée illégale aux États-Unis. Mais dans un pays indépendant, ce serait différent.

La question des paradis fiscaux est d'un tout autre ordre. On comprend mieux, depuis la crise financière mondiale et la réunion du G20 de novembre 2008, l'énormité des sommes réfugiées dans les paradis fiscaux et l'instabilité que leurs mouvements provoquent. Il y a là un problème d'envergure mondiale dont on commence effectivement à s'occuper. Mais chacun doit balayer devant sa porte. Le Canada s'est placé, à cet égard, dans une situation aberrante symbolisée par un ministre des Finances (qui deviendra plus tard premier ministre, M. Paul Martin) dont la compagnie qu'il contrôle, la plus grande société de navigation canadienne, la Canada Steamship Lines, est incorporée à la Barbade en vertu d'un traité fiscal signé entre les deux pays, et qui prévoit le plus légalement du monde le paiement d'impôts presque nuls.

Les sources d'injustice : les paradis fiscaux

Il y a deux types de transferts de fonds dans les paradis fiscaux. Certains sont le résultat de fausses déclarations ou de transactions illégales. Elles relèvent de fraudes dans le pays d'origine des fonds et du secret pratiqué dans le pays qui les reçoit. On n'a pas la moindre idée des montants que la fraude peut impliquer. De temps à autre, des gouvernements dévoilent en public le résultat de leurs enquêtes. Ainsi, en 2009, le gouvernement américain a sommé l'Union des banques suisses (UBS) de lui dévoiler les comptes de 52 000 citoyens américains soupçonnés de fraude fiscale[97].

L'autre catégorie de transferts procède des lois existantes et des traités fiscaux signés entre pays. Le rôle de ces traités fiscaux est d'abord et avant tout d'éviter la double taxation. Si une compagnie canadienne a déjà été taxée pour ses opérations, disons, aux États-Unis, on veut éviter qu'elle ne le soit au

---

97. Les États-Unis et la Suisse en sont venus à un compromis. Moins de 5 000 comptes furent déclarés.

Canada pour les mêmes opérations. Il n'y a rien de mal à cela, au contraire.

Lorsqu'a été signé le traité fiscal entre la Barbade et le Canada, les taux d'impôt barbadien étaient alors à peu près du même ordre que ceux du Canada et il était donc acceptable de reconnaître que les impôts payés à la Barbade par des intérêts canadiens ne seraient pas par la suite taxés au Canada. Il fut convenu que le paiement de ce qui était dû à la Barbade libérait de toute dette fiscale au Canada.

La Barbade institua alors un statut de société internationale dont le taux d'impôt fut réduit à 2,5 %. Le même principe continua de s'appliquer. La société canadienne qui payait ce taux à la Barbade était libérée d'impôt au Canada. Mieux encore. Si les fonds étaient placés dans une fiducie barbadienne, il n'y avait plus aucun impôt à payer et les seuls renseignements demandés étaient un nom et une adresse.

Et c'est ainsi que la Barbade, avec ses 250 000 habitants, devint la troisième destination étrangère des capitaux canadiens, après les États-Unis et l'Angleterre. La dernière fois que j'ai vu les données, les montants dépassaient 30 milliards de dollars. En toute légalité.

L'annonce par un gouvernement souverainiste qui s'apprête à déclencher un référendum qu'il dénoncera, dès qu'il aura déclaré l'indépendance du Québec, les traités avec les paradis fiscaux ferait sans doute plaisir, mais n'aurait comme résultat que de faire transiter par Toronto l'argent qui veut sortir et se réfugier ailleurs.

Il faut commencer par l'impôt. Depuis longtemps, l'impôt québécois est, dans les domaines dont nous discutons ici, tributaire de l'impôt fédéral dans ses pratiques et son fonctionnement. En outre, pour éviter une jungle fiscale, on harmonise chaque année l'impôt québécois et l'impôt fédéral par une loi, à quelques exceptions près (souvent importantes, d'ailleurs).

L'autonomie fiscale va initier l'impôt québécois aux transactions internationales. Ensuite, on pourra participer aux négociations qui sont aujourd'hui en cours. L'une d'entre elles a une importance particulière : elle porte sur le secret bancaire.

Le secret bancaire

Il va de soi que le Québec comme province n'exerce aucune influence sur l'élaboration des traités fiscaux signés par le Canada. D'autre part, il ne participe pas aux discussions qui entourent depuis quelque temps la question du secret bancaire. Il est évident qu'elle est au centre de ce qui a trait aux transferts de capitaux légaux et illégaux vers les paradis fiscaux. L'état de la situation est, au moment où j'écris ces lignes, impossible à fixer. À la réunion du G20 à Londres en avril 2009, le communiqué a établi un principe péremptoire : le temps du secret bancaire est terminé. Il s'agit évidemment d'un vœu et non pas d'une réalité. Mais les choses ont commencé à bouger. On verra assez rapidement si la volonté se manifeste et transforme le vœu en réalité. Si des progrès réels ont lieu, il est clair que le contrôle fiscal s'en trouverait bouleversé pour ceux qui veulent l'exercer sérieusement. Et ceux-là adapteraient leurs traités fiscaux en conséquence. L'échange des renseignements entre pays rendrait beaucoup plus efficace le contrôle fiscal.

Comme province, le Québec n'aura pas d'autre choix que de suivre ce que le Canada décidera de faire. Comme pays, le Québec ne pourrait évidemment pas faire cavalier seul. Il ne peut jouer les matamores face au Canada sans provoquer un envol des capitaux… Mais, dans ses pratiques, il peut choisir ses modèles ou ses associations. Il est évident, par exemple, que le contrôle fiscal international du gouvernement américain est beaucoup plus serré que celui du Canada. Ce dont on fait état ici, c'est d'échange de renseignements, de collaboration entre vrais gouvernements de vrais pays et, au bout du compte, de justice à l'égard des citoyens.

Chapitre XII

L'État et le citoyen (deuxième partie)

Ce chapitre porte sur deux questions tout à fait différentes qui, à première vue, n'ont pas de rapport direct avec les questions économiques qui ont occupé tellement de place dans ma vie et qui, pourtant, me ramènent à des considérations bien proches du développement et de la croissance. Comme quoi on ne peut échapper à sa nature profonde. Il s'agit de la langue et de la protection de l'environnement.

J'aborde la question de la langue avec beaucoup d'hésitation, presque à reculons. Elle est tellement chargée d'émotion, elle a une telle portée identitaire que, lorsqu'on est préoccupé par la croissance de l'économie et ses conséquences sur la société, on a l'impression en s'engageant sur ce terrain miné de se lancer en plein dans l'émotionnel, voire l'irrationnel. Et pourtant, la langue, bien plus que l'économie, provoque les crises, « déplace les montagnes ». On ne peut pas l'éviter.

L'anglais s'est imposé comme langue internationale. Aucune législation internationale ne l'impose. Au contraire, de façon formelle, les langues nationales sont partout explicitement préservées. Il y a 27 membres dans l'Union européenne et presque autant de langues sont utilisées au Parlement européen[98]. Mais le dénominateur commun, c'est l'anglais. Il n'est pas nécessaire de bien le parler, mais ceux qui le maîtrisent ont accès à des fonctions

---

98. Certaines langues sont communes à deux pays. L'allemand, par exemple.

d'une importance particulière. Autrefois, le français a joué ce rôle, et beaucoup plus tôt, le latin. Aujourd'hui, c'est l'anglais.

Vivre dans sa langue et se servir de l'anglais

Dans chaque pays, la vie se déroule dans la langue du cru. En France, par exemple, on a beau pousser très loin le syndrome de Harvard, importer massivement des mots anglais, refuser «courriel» pour le plaisir de dire *e-mail* et, mieux encore, *mail*, la vie sous toutes ses formes se déroule en français, sauf dans le domaine scientifique, où le syndrome joue à fond, et dans la participation des multinationales françaises avec, disons, la Chine ou l'Inde. Le système scolaire fonctionne essentiellement en français. On peut vivre et travailler en France en français exclusivement.

On peut en dire autant de la vie dans chacun des pays modernes, développés. On vit dans sa langue, mais l'anglais donne un accès particulier aux sphères les plus élevées de la vie scientifique, politique et des affaires. Les systèmes d'enseignement public fournissent une base d'anglais, mais, au-delà, cela dépend de chacun.

Dans les pays où une seule langue est universellement pratiquée, le schéma que je viens d'esquisser est peut-être un peu simple, mais pas caricatural. Dans les pays où plusieurs langues coexistent, c'est autre chose. Quelques-uns ont trouvé un certain équilibre. D'autres le cherchent encore. Le prototype de ceux qui ont trouvé l'équilibre, c'est la Suisse. Bien des raisons expliquent la stabilité linguistique du pays, et toutes ne sont pas évidentes, mais il est remarquable que l'on n'ait pas cherché à imposer dans chaque canton la coexistence linguistique et le multiculturalisme institutionnel. Il n'y a pas d'écoles publiques françaises à Zurich ni d'écoles de langue allemande à Genève, et aucune des deux à Lugano (dans le canton de langue italienne du Tessin).

En Belgique, entre Wallons et Flamands, la guerre linguistique se poursuit toujours et autour de Bruxelles, on compte les coups. On pourrait croire — on dit parfois — que la modernisation et l'enrichissement de la société ont tendance à réduire les tensions, à atténuer ce genre de débat. Pourtant, le pays flamand s'enrichit, bien au-delà du pays wallon, il manifeste un dynamisme étonnant et ne montre aucun signe de réduire son insistance à défendre sa langue et sa culture.

L'imbroglio de langues

Ces questions-là sont compliquées, et peu sont aussi compliquées que celle du Québec. Pour commencer, deux statuts linguistiques s'y appliquent. En vertu de la Constitution canadienne, le Québec est officiellement bilingue. En vertu d'une loi québécoise, adoptée par un gouvernement fédéraliste (celui de Robert Bourassa), la seule langue officielle du Québec est le français. La Constitution canadienne impose au Québec un système scolaire public de langue anglaise. Dans ce sillage, un système collégial, universitaire et de santé de langue anglaise financé à l'égal du système français a été élaboré.

Avec l'idée de la souveraineté du Québec, il était inévitable que l'objectif d'une langue française devenant la *vraie* langue du Québec apparaisse. On voulait un pays ; on voulait que ce pays ait une langue. La loi 101 est étroitement liée à la souveraineté du Québec. Elle affirme la prédominance du français et maintient l'anglais comme un droit acquis par des personnes, des individus. Ainsi, pour avoir droit d'envoyer ses enfants à l'école anglaise, il faut avoir soi-même été élève d'une école anglaise au Québec. L'affichage public doit faire prédominer le français. Les entreprises devront se mettre au français et obtenir un certificat de francisation pour le démontrer.

Peu après l'adoption de la loi 101, le référendum de 1980 est perdu, on le sait, mais le gouvernement de René Lévesque est maintenu au pouvoir. Le débat va faire rage pendant plusieurs années devant les cours de justice qui ne cesseront de réduire la portée de la loi 101 face à un gouvernement qui cherche à sauver les meubles.

La clause Québec sera remplacée par la clause Canada, c'est-à-dire que, pour avoir accès à l'école anglaise pour ses enfants, il suffira que l'on ait fréquenté soi-même une école anglaise au Canada. Pour protéger le droit d'afficher en anglais, on va établir un droit nouveau : dorénavant, la Charte des droits protégera la liberté de conscience et de parole non pas seulement des personnes, mais aussi des compagnies. Et bien sûr, on exemptera de l'application de la loi 101 les entreprises qui relèvent de la compétence fédérale, comme les banques, les compagnies de transport en tous genres (aérien, maritime, par oléoducs et routier — si les camions traversent une frontière provinciale ou internationale), la radiodiffusion et la télévision, les sociétés et agences de la Couronne.

Les réalisations de la loi 101

En dépit du blocage juridique, en dépit des deux échecs référendaires, ce que la loi 101 a permis de réaliser n'est pas mineur. Il est vrai que, depuis ce temps, la majorité des enfants d'immigrants passe par l'école française pour l'enseignement primaire et secondaire. Il est vrai que l'affichage en français est généralisé, même si l'affichage en anglais, lorsqu'il l'accompagne, n'est pas toujours conforme à la loi. Et, en pratique, le français est devenu la langue d'usage dans la vie de tous les jours, sauf dans certains quartiers de l'Ouest de Montréal. Ce n'est peut-être pas toujours évident pour les plus jeunes, mais pour les gens de ma génération, le contraste entre *avant* et *après* la loi 101 saute aux yeux.

C'est la langue de travail qui crée un problème. Il faut aborder cette question avec beaucoup de nuances. Elle est très complexe et, bien que j'aie été associé pendant des années à des entreprises, soit comme consultant, soit comme membre de conseils d'administration, je n'ai qu'une vue partielle des choses.

Disons, pour commencer, que l'on ne voit plus, au Québec, une compagnie négocier une convention collective en anglais avec un agent d'affaires syndical anglophone, pour aboutir à un texte en anglais s'appliquant à des travailleurs dont la plupart ne parlent pas anglais. Je n'invente rien : le rapport de cet événement que fit à René Lévesque un des dirigeants des Métallos fut un des déclencheurs de la loi 101. On n'en est plus là. On a constaté, après l'adoption de la loi, que les multinationales s'adaptaient habituellement, ici comme ailleurs, aux lois qui sont votées de façon régulière et démocratique. Il y a des exceptions, bien sûr : le respect du Code du travail n'étouffe pas Walmart, c'est bien connu.

Dans l'ensemble, cependant, le respect des lois locales par des compagnies étrangères qui opèrent dans plusieurs pays n'est pas le plus sérieux des problèmes.

L'entrée massive des francophones en affaires, non pas évidemment à cause de la loi 101 mais depuis cette époque, a complètement changé le contexte. Parmi les *stars* de la garde montante, certaines ont pris une sorte de vengeance sur l'histoire : on est fier d'avoir conquis une place en Amérique, voire dans le monde, sans renoncer à ses racines et à sa culture. Le contexte ne s'y prête pas toujours. Pour une entreprise engagée, par exemple, dans la recherche biologique dont le montage financier comporte un fonds américain de capital de risque, qui prépare une soumission à la FDA (la *Food and Drugs Administration* américaine) et effectue pour cela des essais cliniques dans une vingtaine d'hôpitaux nord-américains, dont deux seulement sont francophones, obtenir de l'Office québécois de la langue française un certificat de francisation serait un tour de force. J'ai déjà siégé à un conseil d'administration d'une entreprise de ce genre. Il n'y avait qu'un anglophone unilingue, mais il était président du conseil. Il fallait tout traduire, les procès-verbaux, les notes techniques... Toutes les réunions se tenaient en anglais. Forcément, un jour, il fallait bien que quelqu'un propose, pour des raisons d'économie, de ne plus tenir la documentation qu'en anglais. Avec l'assurance que donne la fonction politique que j'avais occupée, j'ai affirmé, sans en être trop sûr, que cela serait illégal. On n'en parla plus.

Fonctionner en Amérique du Nord

Plus se développent les rapports de l'entreprise québécoise avec l'étranger et singulièrement avec l'Amérique du Nord, plus il est compliqué de chercher à « doser » le français à l'aide des lois et des règlements. À plus forte raison, quand deux systèmes de lois peuvent s'appliquer selon que l'entreprise est de juridiction fédérale ou provinciale. À cet égard, un autre exemple fera comprendre ce que je veux dire. La maison de valeurs mobilières Lévesque-Beaubien est devenue, avec les années, la plus grande maison de courtage francophone. Quand je suis devenu ministre des Finances, je l'ai nommée chef du syndicat d'émission des obligations en dollars canadiens du gouvernement du Québec et d'Hydro-Québec, ce qui ne faisait que conforter le rôle que cette maison jouait depuis des générations dans la société québécoise.

La Banque nationale, autre grande institution francophone, mais de juridiction fédérale donc astreinte au bilinguisme officiel, acheta Lévesque-Beaubien, qui acheta à son tour First Marathon, une maison de courtage de Toronto assujettie aux lois de l'Ontario et donc, si elle le désire, fonctionnant en anglais seulement. Depuis ce temps, les milliers de clients du produit de la fusion, la Financière Banque nationale, reçoivent la plupart des analyses de titres en anglais.

Des anecdotes de ce genre ne cherchent pas à diminuer l'importance d'une législation sur la langue des affaires. Elles ne sont pas destinées à diminuer le rôle de la certification par l'Office québécois de la langue française, mais plutôt à en montrer les limites. Pour beaucoup de gens d'affaires, singulièrement chez des anglophones, « la question de la langue a été réglée en 1995 ». D'autres ont bien compris que, si le nombre d'employés est inférieur à 50, chacun fait ce qu'il veut. Pour bien d'autres, il n'y a pas lieu d'être « plus catholique que le pape ». Puisque le gouvernement du jour n'a pas l'air d'y tenir... la loi 101 est vue comme un élément de politique partisane.

Cette confusion a évidemment des répercussions sur l'intégration des immigrants. Elle se fait d'abord et avant tout par le travail. Que par une loi, les enfants des travailleurs immigrés aillent à l'école française et que la vie de tous les jours se déroule en français, c'est déjà beaucoup, mais pour le travail, la question est plus confuse et l'attraction de l'anglais, très forte.

Quand le Québec sera devenu un pays, cela va de soi que les choses se clarifieront d'elles-mêmes. Mais dire cela, c'est exprimer un lieu commun, une abstraction. Il faut que soit perçu clairement que le français est une langue du pouvoir et de l'argent. Le rôle des multinationales sous contrôle québécois, des institutions financières et des sociétés d'État est, à cet égard, primordial. On revient à cette idée qu'il n'est pas indifférent que le contrôle des grandes entreprises soit à Montréal, à Toronto ou à New York. Il n'est pas sans importance que le niveau de la recherche dans les nouvelles technologies au Québec reste élevé et que l'État, l'université et les grands centres de décisions fonctionnent en français. C'est la seule façon de persuader le travailleur, le citoyen, l'immigrant que le français est la vraie langue des Québécois, et non pas seulement celle de ceux qui ont renoncé à l'ambition et à la réussite.

D'ici à ce que la question nationale soit réglée

D'ici à ce que la question nationale soit réglée et qu'on accède enfin à une certaine normalité, l'avancement de la francisation va dépendre essentiellement de la volonté politique du gouvernement au pouvoir. L'intégration des immigrants se fera avec plus ou moins de succès selon l'importance qu'on y accorde et la qualité de l'organisation mise en place. L'application de la loi 101 aux entreprises de moins de 50 travailleurs peut prendre l'allure d'un vœu pieux ou donner lieu à un schéma d'application réaliste, différent de celui qui a été établi pour les entreprises plus importantes, mais efficace. L'interdiction de l'accès aux cégeps aux enfants d'immigrants me paraît assez compliquée à appliquer à des étudiants majeurs. Quant à supprimer les cégeps anglophones... cela ne me paraît pas réaliste. Il doit y avoir moyen, cependant, de mieux préparer leurs étudiants à travailler en français.

Je ne cherche pas à argumenter qu'il n'y a pas de changements à apporter aux lois. Je pense plutôt que les changements qu'il faut y apporter ne peuvent se faire dans le système politique actuel, tant que l'expression de la ferme volonté de faire du français la langue non seulement commune mais nécessaire ne s'est pas manifestée.

La priorité : les changements climatiques

Au fur et à mesure que le marché émerge de la crise financière et économique qui l'a secoué depuis la fin de 2007, on revient à ce qui est devenu la priorité de l'époque : les changements climatiques. Le réchauffement du climat ne fait plus de doute, pas plus que la responsabilité de l'activité humaine. L'arrivée au pouvoir du président Obama a fait disparaître le négationnisme de son prédécesseur. La rapidité de la fonte des glaces dans l'Arctique est, relativement aux projections scientifiques, source de crainte, pour ne pas dire de peur. Si on peut se tromper à ce point, que valent les projections qui portent sur les conséquences sur l'agriculture ou sur les ressources d'eau ?

Face à la crise financière, les grandes puissances se sont mises d'accord assez rapidement. Il fallait sauver le système bancaire mondial. On a hésité un moment entre l'achat par les banques centrales ou les ministères des Finances des produits financiers « toxiques » et l'entrée dans le capital. On s'est rapidement mis d'accord sur la mise en place de programmes de relance. On a collectivement cherché à éviter le retour du protectionnisme (en tolérant, cependant, quelques dérapages[99]).

---

99. La clause *Buy American*, applicable aux États et aux villes, entre autres.

Les changements climatiques, c'est tout à fait autre chose. Sans essayer de faire le tour de la question, il faut quand même dégager certaines des divergences, des oppositions même, qui établissent le cadre dans lequel un petit pays comme le Québec doit se définir une politique.

La première entente multilatérale destinée à contrôler les émissions de gaz dans l'atmosphère est le Protocole de Montréal. Il a été adopté en 1987 pour protéger la couche d'ozone atmosphérique en interdisant l'utilisation des chlorofluorocarbones et autres substances qui appauvrissaient la couche d'ozone... En pratique, cela voulait dire interdire les aérosols de cette époque. Le Protocole a été remarquablement efficace. Une publication conjointe de l'OMC et du PNUE en dit ceci : « On estime que sur la période 1990-2010, il [le Protocole de Montréal] aura réduit de 135 Gt d'équivalent CO_2 la contribution des émissions de SACO [substances appauvrissant la couche d'ozone] au changement climatique. Cela signifie qu'il aura permis une atténuation quatre à cinq fois supérieure à l'objectif de la première période d'engagement du Protocole de Kyoto[100]. »

Kyoto

Cette première prise de conscience de ce qu'une entente multinationale pouvait réaliser a créé une sorte d'illusion. À peu de coûts, on pouvait atteindre un résultat spectaculaire. Dès qu'on a abordé de front la question du réchauffement planétaire, cependant, on s'est rendu compte qu'il y aurait opposition entre contrôle des gaz à effet de serre et croissance économique. Ce sont les combustibles fossiles, le pétrole, le charbon et le gaz naturel, en somme le carbone, qui augmentaient les températures de l'atmosphère. Pour les empêcher d'atteindre des niveaux qui transformeraient le monde tel que nous l'avons connu jusqu'ici, il faut réduire les quantités de gaz à effet de serre

---

100. OMC et PNUE, *Commerce et changement climatique*, Genève, OMC, 2009, p. 19.

(exprimés en équivalent de CO_2). Les stabiliser ne suffira pas. C'est une réduction radicale qu'il faut envisager. Le Protocole de Kyoto en est la première expression formelle. Il est signé en 1997, mais il faudra quelques années pour que les 55 ratifications nécessaires à la mise en vigueur soient rassemblées. L'opération avait commencé en 1990 par la création du Groupe d'experts intergouvernemental sur l'évolution du climat (GIEC), qui donnera lieu en 1992 à la Convention-cadre des Nations Unies sur les changements climatiques, au Sommet de la Terre à Rio de Janeiro.

Il faudra cinq ans pour en arriver à Kyoto, c'est-à-dire à fixer un objectif de réduction de 5,2 % des gaz à effet de serre au-dessous du niveau de 1990. On comprend à quel point les intérêts sont divergents. Les pays émergents, dirigés par la Chine et l'Inde, demandent et obtiennent d'être exonérés de toute obligation à partir d'un principe que l'on peut exprimer familièrement de la façon suivante : « Vous, les pays riches, avez, depuis deux siècles, pollué l'atmosphère. À vous de nettoyer les dégâts que vous avez causés, et laissez-nous nous développer économiquement comme vous l'avez fait. » L'argument sera formellement accepté à Kyoto.

L'Europe qui, en pratique, a peu de pétrole et de gaz naturel (sauf en Mer du Nord) et qui a fermé la plupart de ses mines de charbon, adopte avec enthousiasme les objectifs contraignants de Kyoto. L'objectif de réduction de 6 % sera réparti entre les membres de l'Union européenne de façon très souple. On consentira à certaines des augmentations, on acceptera que d'autres se maintiennent au niveau de 1990, enfin, la majorité devra faire face à des réductions.

Les États-Unis ne ratifieront pas le traité. Pour le président Bush, l'opposition est claire entre protection de l'environnement et croissance de l'économie. D'autre part, il apparaît tout aussi clair que la Chine ne doit pas ajouter à tous les avantages concurrentiels dont elle dispose déjà l'exemption de toute obligation de réduire ses gaz à effet de serre alors que les États-Unis accepteraient les contraintes du Protocole de Kyoto.

Le Canada a déjà ratifié Kyoto quand les conservateurs arrivent au pouvoir. Appliqué, le Protocole voudrait dire ralentir ou même réduire le développement de l'exploitation des sables bitumineux de l'Alberta ou payer très cher sa poursuite. C'est trop leur demander. Leur base politique est dans l'Ouest. En aucune façon ils ne vont la sacrifier. Le gouvernement canadien va donc tenter la quadrature du cercle : ne pas appliquer Kyoto mais faire croire qu'une formule alternative reviendrait, sinon au même, en tout cas à quelque chose de voisin. Cela ne trompera personne.

Le public devance la politique

Un peu partout, cependant, le public devance la politique. On croit que la planète se réchauffe. On croit que cela peut avoir des conséquences graves. Et surtout, on croit qu'à travers le monde, chaque citoyen peut donner son coup de main, peut jouer un rôle pour « sauver la planète ». Il y a plus de 50 ans que, sous une forme ou une autre, je m'intéresse à la chose publique comme enseignant, économiste ou comme politicien. Je ne me souviens pas d'avoir vu un sujet intéresser les jeunes à ce point. Surtout, je ne pensais pas trouver en si grand nombre, et avec une telle ferveur, des gens qui manifestent leur engagement en posant des gestes qui sont, en eux-mêmes, dérisoires, mais qui marquent l'espoir collectif d'un monde meilleur. Au Québec, cela se manifeste depuis longtemps sous toutes sortes de formes. Depuis le début des années 1980, des groupes de riverains de centaines, de lacs, surveillent la qualité de l'eau, imposent l'aménagement des berges, la surveillance des fosses septiques ou surveillent l'apparition des algues bleues, et s'assurent ainsi que *leur* eau reste potable. Dans les écoles, les enseignants initient les enfants à la fois aux grands enjeux de l'environnement et aux gestes que chacun peut poser pour appuyer la cause commune. Leurs parents défilent de temps à autre dans les rues pour clamer leur refus de projets concrets qui menacent selon eux un environnement sain et une qualité de vie qui est la vraie récompense de leur bénévolat. Tout cela, sous une forme ou une autre, s'est répandu un peu partout dans le monde, de façon le plus souvent pacifique, sans cependant exclure, parfois, des débordements lorsqu'on a l'impression de ne pas être écoutés par des gouvernements obnubilés par des intérêts pétroliers, charbonniers ou financiers.

Le démarrage au Québec

En Europe, on l'a dit, moins soumis aux pressions de ce genre d'intérêts, il est plus facile de se faire entendre. En Amérique du Nord, où les États sont fédérés, on s'est servi de la flexibilité du système, d'abord aux États-Unis, puis de part et d'autre de la frontière canado-américaine, pour associer les gouvernements d'États et de provinces, pour lancer des programmes destinés à réduire les émissions de gaz à effet de serre qui devenaient, dans l'opinion publique, le centre du débat pour maintenir la qualité de l'environnement. La Californie a été une sorte de laboratoire à cet égard. La Nouvelle-Angleterre a aussi joué un rôle de leader. Le Québec n'était pas loin derrière et, en un certain sens, au centre des débats. Voici, tiré du plan d'action 2006-2012, intitulé *Le Québec et les changements climatiques*, de juin 2006, un bref résumé historique : « La cible de réduction d'émissions que le Québec veut atteindre est celle à laquelle il a déjà souscrit en 2001 dans le cadre du *Plan d'action sur les changements climatiques de la Conférence des gouverneurs de la Nouvelle-Angleterre et des premiers ministres de l'Est du Canada*. Le Québec s'est alors engagé à contribuer à l'atteinte de la cible régionale de réduction des émissions de GES, c'est-à-dire 10 % en 2020 sous le niveau de 1990. Ce plan d'action 2006-2012 est la première étape vers l'atteinte de cet objectif[101]. »

---

101. *Le Québec et les changements climatiques. Un défi pour l'avenir*, plan d'action 2006-2012, Québec, Gouvernement du Québec, juin 2006, p. 36.

Le plan d'action 2006-2012 publié en juin 2006 référait directement à Kyoto. Une taxe sur le carbone prenant la forme d'une redevance sur les ventes de produits pétroliers et gaziers est imposée et doit rapporter 200 millions de dollars par an. Vingt-trois mesures destinées à réduire les émissions de 1,5 % au-dessous du niveau de 1990 sont mises au point. Des pressions exercées sur le gouvernement fédéral non pas seulement par l'Assemblée nationale unanime mais par un amalgame de représentants de la société civile, aboutiront à un transfert fédéral à Québec de 350 millions de dollars, ce qui permettra une nouvelle formulation de plans d'action en 2008, un accroissement du nombre de mesures et la réduction des émissions de GES à 6 % au-dessous du niveau de 1990, c'est-à-dire l'objectif de Kyoto.

L'objectif sera-t-il atteint ? Ce n'est pas certain. Il est remarquable, cependant, que chaque année un rapport d'étape est publié et qu'on peut donc suivre de près la réalisation d'un programme proprement québécois qui n'a pas grand-chose à voir avec un programme canadien qu'on peine à définir. Où trouver, en effet, un commun dénominateur entre l'Alberta, qui produit 71 tonnes (équivalent en CO_2) de gaz à effet de serre par habitant par année, et le Québec, qui en produit 11[102] ?

Une Bourse du carbone a été créée dans le cadre de la Bourse de Montréal pour la consoler d'avoir été vendue à la Bourse de Toronto. Mais elle est inopérante sauf à voir de temps à autre apparaître quelques transactions spéculatives. Le gouvernement canadien s'oppose aux quotas de production, aux engagements contraignants. Peut-être le point de vue changera-t-il d'ici la conférence de Copenhague en décembre 2009. Le point de vue du Canada a été, sous le président Bush, conforté par l'attitude américaine... Le président Obama change la donne. Il accepte le principe que la période post-Kyoto comporte des mesures

---

102. La moyenne canadienne est de 23 tonnes (par habitant). Voir chapitre IX, p. 178.

contraignantes. Pour faire accepter cela par l'opinion américaine, il faut que la Chine et l'Inde fassent dorénavant partie de l'accord, ce qui ne va pas de soi. À la réunion de Washington de mai 2009, le compromis trouvé montre qu'on n'allait pas chercher loin. Oui, la Chine et l'Inde feraient partie de l'entente qui suivra Kyoto. Elle s'appuiera sur deux idées : le réchauffement planétaire ne devrait pas dépasser 2 degrés et les objectifs de réduction d'émissions de GES s'appliqueraient à 2050, c'est-à-dire après la mort de la plupart des signataires. Le secrétaire général des Nations Unies a manifesté une vive déception. On verra à Copenhague si l'on peut faire mieux.

Tout est trop fluide au moment où ces lignes sont écrites pour que l'on fasse des prédictions. Il est remarquable, cependant, de voir comment le Québec s'organise pour faire en sorte qu'il soit préparé soit à accepter volontairement de s'associer aux efforts des pays les plus avancés dans la lutte aux gaz à effet de serre, soit à appliquer rapidement un système contraignant si la communauté internationale arrive à s'entendre. La loi adoptée à l'unanimité par l'Assemblée nationale le 18 juin 2009 est tout à fait remarquable à cet égard. Voici le texte intégral des notes explicatives du projet de loi intitulé « Loi modifiant la Loi sur la qualité de l'environnement et d'autres dispositions législatives en matière de changements climatiques » :

> Cette loi a pour objet la réduction des émissions de gaz à effet de serre qui affectent la qualité de l'atmosphère et contribuent au réchauffement planétaire et aux changements climatiques.
>
> Afin de permettre de dresser l'inventaire des émissions de gaz à effet de serre, la loi permet au ministre d'exiger que les émetteurs qu'il détermine par règlement déclarent leurs émissions. Ces renseignements feront l'objet d'un registre public.
>
> De plus, la loi prévoit que le ministre élabore et propose au gouvernement un plan d'action sur les changements climatiques et qu'il publie, chaque année, l'inventaire des émissions de gaz à effet de serre ainsi que le bilan des mesures mises en œuvre

relativement à la réduction de ces émissions et à la lutte aux changements climatiques.

La loi prévoit que le gouvernement fixe des cibles de réduction des émissions de gaz à effet de serre sur la base des émissions de l'année 1990.

Cette loi prévoit aussi diverses dispositions permettant d'établir par règlement du gouvernement tout ce qui est nécessaire à la mise en place d'un système de plafonnement et d'échange de droits d'émission.

Elle établit de plus que certains émetteurs devront couvrir leurs émissions de gaz à effet de serre par un nombre équivalent de droits d'émission. Ces droits sont notamment des unités d'émission, des crédits compensatoires et des crédits pour réduction hâtive qui pourront, dans le cadre du système, faire l'objet de transactions et être mis en réserve. Des plafonds seront établis par le gouvernement quant aux unités d'émission pouvant être accordées par le ministre.

En outre, la loi prévoit diverses dispositions relatives à la gestion et au fonctionnement du système de plafonnement et d'échange de droits d'émission qui permettent notamment sa gestion par des tiers, ainsi que des dispositions relatives à son harmonisation et son intégration avec des systèmes semblables mis en place par d'autres autorités.

Enfin, la loi prévoit que les sommes perçues en vertu des nouvelles dispositions serviront à financer diverses mesures en matière de changements climatiques[103].

On notera que cette législation de la province de Québec pourrait fort bien être celle d'un pays. L'application serait sans doute différente mais au niveau des principes et des objectifs, il n'y a guère de différence.

---

103. Assemblée nationale, *Loi modifiant la Loi sur la qualité de l'environnement et d'autres dispositions législatives en matière de changements climatiques*, Québec, Gouvernement du Québec, 2009, p. 2-3.

La prépondérance de l'environnement sur l'OMC

Il y a, cependant, un domaine où le statut politique peut être important, c'est celui de la supériorité des ententes internationales de l'environnement sur les ententes commerciales. Le document publié conjointement par l'OMC et le PNUE établit clairement que « [l]a jurisprudence de l'OMC a confirmé que les règles de l'OMC ne l'emportent pas sur les prescriptions environnementales[104].»

C'est donc dire que les ententes internationales sur l'environnement ont prépondérance sur celles de l'OMC. Si le Canada continue de se situer en marge des règles qui s'appliquent aux gaz à effet de serre, la communauté internationale ou certains des pays qui la composent pourraient prendre des mesures de rétorsion à l'égard du Canada en considérant que, par son refus de suivre les règles internationales acceptées, le gouvernement canadien accorde à ses producteurs un avantage concurrentiel discriminatoire. Peut-être même des amendes lui seraient-elles imposées. Si la menace se précisait, le Canada aurait à choisir entre, d'une part, maintenir l'état des conditions d'exploitation du pétrole et du gaz en acceptant de payer le coût de représailles adoptées par l'étranger ou des amendes imposées par la communauté internationale et, d'autre part, réduire ses émissions de gaz à effet de serre pour éviter d'avoir à payer[105]. C'est un choix basé sur un calcul économique. Le Québec, lui, n'aurait, comme province, aucun choix. Il n'a aucun moyen de se défendre contre des coûts qui lui seraient imposés. Il n'a pas de calcul à faire.

On espère, évidemment, que le Canada va finir par accepter les règles internationales, mais s'il les refusait pour profiter d'un prix très élevé du pétrole, il n'y aurait guère de façon pour le Québec de se protéger... sauf, bien sûr, de sortir du Canada

---

104. OMC et PNUE, *Commerce et changement climatique, op.cit.*, p. 23.

105. L'achat de droits de pollution sur le marché international serait une autre façon de contrôler le niveau de GES.

et de profiter de son excellente situation et de l'ampleur de ses efforts. Le cas est intéressant. Que le Québec soit une province ou un pays, son programme de réduction de GES est le même ou, plutôt, peut être le même. Mais si le Canada fait cavalier seul, il est avantageux pour le Québec qu'il en sorte.

Conclusion

Au terme de ce tour d'horizon, il faut revenir sur une constatation qui paraît être au centre du débat sur la souveraineté du Québec. Après de longues années de discussions, d'études, d'avancées et de reculs, une majorité de Québécois croit que la souveraineté du Québec est souhaitable et réalisable et une majorité pense qu'elle ne se réalisera pas. Dans un cas comme dans l'autre, les majorités sont substantielles. Comment rétablir l'optimisme, l'assurance et la confiance dans l'avenir ? La réponse n'est pas simple. Trop de gens sont pessimistes, sont convaincus que tout est devenu difficile, que les projets n'aboutissent pas. L'idée se répand chez beaucoup de jeunes qu'ils vivront moins bien que leurs parents. Certaines des grandes réalisations de la société québécoise traversent des crises graves : la réforme scolaire — la plus grande réalisation de la Révolution tranquille — débouche sur une avalanche d'échecs. La Caisse de dépôt et placement, le plus grand dépositaire de l'épargne québécoise, a connu en 2008 des pertes énormes peu conformes à l'image de prudence et de bonne gestion qu'on attend d'un tel organisme.

Le point de vue du technicien

On constate à quel point l'avenir nous semble souvent sombre, difficile, voire bouché. Le vieillissement de la population et l'endettement sont perçus comme des obstacles redoutables non seulement pour un Québec souverain, mais pour un Québec tout court.

Et pourtant, la récession actuelle touche beaucoup moins le Québec que l'Ontario, l'Ouest canadien et la plupart des régions américaines. Et pourtant, le Québec, dans le monde qui nous entoure, n'a pas à craindre les comparaisons. Il y a de sérieux problèmes à régler, bien sûr, mais rien qu'on ne puisse régler avec *un peu* de volonté et les instruments appropriés.

Cela, c'est le point de vue du technicien. Le technicien, cependant, n'a pas beaucoup de prise sur une société lasse d'être bousculée depuis des années entre des orientations opposées.

Nous sommes écartelés entre deux pays et deux gouvernements. L'un tient, en permanence, à maintenir le Québec dans le Canada et prendra, en tout temps, les moyens qu'il juge appropriés pour l'y maintenir. L'autre gouvernement adopte l'une ou l'autre de deux voies : l'appartenance au Canada ou au Québec. Lorsque le gouvernement du Québec est fédéraliste, il cherche à garder ses distances par rapport au gouvernement fédéral, pour éviter d'être considéré comme une simple officine du pouvoir central. Quand les souverainistes sont au pouvoir, ils travaillent à la réalisation de la souveraineté tout en démontrant que cela n'empêche pas de gouverner correctement.

Le problème identitaire

Cette situation accentue les difficultés qu'éprouvent les Québécois à définir ce qu'ils sont. Le problème identitaire change d'époque en époque mais demeure sérieux. Les gens de la génération de mon père sont nés Canadiens, face aux Anglais. Au milieu du XXe siècle, ils étaient Canadiens français face aux Canadiens anglais et à la fin de leur vie, plusieurs d'entre eux étaient devenus Québécois face aux Canadiens. Leur hymne national, « Ô Canada », qu'ils chantaient pour se distinguer de ceux qui chantaient « God save the King », est devenu l'hymne national (dans un autre sens) des Canadiens.

Trois identités dans une même vie! Ceux de la génération d'aujourd'hui ont d'autres problèmes identitaires. À choisir entre être Canadiens, Canadiens français ou Québécois, en majorité, ils choisissent de se dire Québécois. Mais dans leurs contacts (de plus en plus nombreux) avec l'étranger, ils doivent être Canadiens et ils sont à tous les tournants de la vie exposés aux largesses d'un gouvernement fédéral qui, de l'enseignement à la recherche, à l'action bénévole, au financement municipal, à l'aide à l'édition, à la vie artistique ou à l'installation d'Internet dans les campagnes, répand l'argent dans une surenchère continuelle avec les autorités québécoises.

Tout contribue à rendre inextricable la question identitaire. Dire « nous » en parlant des Québécois est devenu suspect. Peut-être ce « nous » exclut-il les anglophones? Les immigrants de fraîche date? Les musulmans? Peut-être est-ce la preuve que le Québécois, de souche bien sûr, est raciste? La Commission Bouchard-Taylor, dont toutes les audiences publiques ont été diffusées à heure de grande écoute, à la télévision de Radio-Canada, a été un exercice de provocation. Dans un pays moins placide, cela aurait pu mal tourner.

Quelques idées claires

Il faut prendre à bras le corps cette question identitaire, à partir de quelques idées claires, sans chercher à les imposer : voici quelques-unes des miennes. Les Québécois acceptent sans difficulté, je pense, qu'un Québécois est celui qui veut l'être. Quant à celui qui ne le veut pas, on n'a pas le choix. La Charte des droits s'applique aussi à lui. Quant aux problèmes de spécificité religieuse ou culturelle (le port de la burka, le kirpan à l'école, etc.), nous avons à les régler comme partout ailleurs, sans avoir à se flageller collectivement.

Les anglophones de souche ont des droits acquis qui n'incluent pas le droit d'angliciser les nouveaux arrivants.

Le français est la langue officielle et la langue d'usage générale.

Il faut fournir aux immigrants une aide bien organisée pour apprendre le français, bien sûr, mais aussi pour assurer une initiation à la culture et à l'histoire du Québec. Il est certain que, pour les jeunes, l'école est l'endroit où cette intégration doit se faire. Mais quel que soit l'âge de l'immigrant, on doit fournir un service efficace. On a eu tort, à cet égard, de supprimer les Centres d'orientation et de formation des immigrants (COFI).

L'enseignement de l'Histoire est capital. Il est au centre du débat politique. Peu de temps après les événements d'octobre 1970, le gouvernement libéral a supprimé l'Histoire comme matière obligatoire à l'école, sous prétexte qu'elle contribuait à former des « séparatistes ». Il a fallu attendre l'arrivée du Parti québécois au pouvoir, en 1976, pour commencer à rétablir, en partie seulement, les choses. Quand je suis devenu premier ministre en 1994, on a réexaminé la place faite à l'Histoire dans les programmes. Au cours des dernières années, un nouveau programme d'histoire est apparu sous le gouvernement libéral. Dans sa première version, le thème central du cours consistait à présenter les rapports des Anglais et des Français au Canada, et donc au Québec, comme un long fleuve tranquille. Ce qui pouvait exprimer des conflits était biffé. L'indignation générale fit reculer le gouvernement.

Il faut en finir avec ces idioties. Le creuset de la nation, c'est l'école. C'est là où les valeurs communes se transmettent en même temps que la connaissance.

Il est clair que cette tâche d'intégration est plus facilement réalisable dans un pays qui s'est défini, mais il y a là comme un cercle vicieux : l'incapacité de régler la question identitaire empêche de régler la question nationale ; et parce qu'on n'arrive pas à se décider quant au statut politique, on continue de se déchirer quant à savoir qui on est. Il faut rompre le cercle vicieux en essayant de s'entendre sur l'orientation à donner à cette société démocratique et solidaire, française en Amérique du Nord et d'une culture originale et universelle à la fois.

Traduire les valeurs en projets

Vouloir construire un pays, c'est d'abord traduire des valeurs en projets. L'égalité des chances doit se définir en transformation du système d'éducation. Le plein emploi, dans le monde d'aujourd'hui, implique, on l'a vu, des changements considérables dans la formation de la main-d'œuvre et son adaptation aux rapides changements du marché du travail. La création de la richesse passe inévitablement par l'aptitude à être concurrentiel sur les marchés internationaux. C'est la condition pour augmenter les revenus et le bien-être. Créer la richesse… La distribuer correctement… La première partie comporte une foule de considérations techniques, la seconde peut prendre bien des formes en fonction de l'idée qu'on se fait de la justice sociale. Le vieillissement de la population va avoir une foule de répercussions qu'on commence seulement à explorer. Qu'une partie importante de la population puisse vivre une vingtaine d'années en santé au-delà de ce qu'on considère comme l'âge habituel de la retraite, va avoir bien d'autres conséquences que d'accroître le coût des services de santé, ce qui semble aujourd'hui être le principal sujet d'intérêt avec le coût des retraites.

On peut allonger la liste selon les intérêts que l'on a. Une société qui s'enrichit doit être en mesure d'humaniser et de personnaliser les services sociaux pour ceux que la maladie ou le handicap physique ou mental ont touchés. Et une société qui s'enrichit doit aussi s'offrir une vie culturelle intense.

L'important, c'est, en tenant compte de l'ensembles des ressources de la société, de se fixer des objectifs. On n'a jamais eu l'occasion de faire cela au Québec. Ni pour les enfants, ni pour les aînés, ni pour le développement économique, ni pour la culture. On n'a jamais pu se faire une idée d'ensemble. La surenchère des deux gouvernements n'aide d'ailleurs pas les choses. Dans un nombre croissant d'activités ou de programmes, on finit par ne plus savoir qui fait quoi.

Si, dans un même secteur d'activité, les programmes montés par les deux gouvernements sont complémentaires, s'appuient l'un l'autre, tant mieux. Sinon, tant pis. L'enchevêtrement est tel que, de toutes façons, le citoyen n'arrive habituellement pas à s'y retrouver et à savoir qui est responsable de quoi.

Les gens ont besoin de savoir

C'est pour cela qu'il est tellement important que le mouvement souverainiste élabore les programmes de gouvernement d'un Québec indépendant, avant même de prendre le pouvoir. Il faut tirer les leçons de 1995. On avait commencé les études avant l'élection de septembre 1994 et le ministère de la Restructuration, créé à ce moment, s'est rapidement mis au travail. Néanmoins, le temps a manqué. L'avalanche des études au cours des derniers mois précédant la campagne référendaire projetait une image de désordre dommageable.

Les gens ont besoin de savoir où on veut les emmener et ce qu'on veut faire. À cet égard, je n'ai jamais oublié l'intervention lors d'une tribune radiophonique d'une dame qui me demande :

— Le Code criminel, c'est fédéral ?

— Oui, madame.

— Alors, quand on sera indépendants, qu'est-ce qu'on fait avec les bandits ?

— L'Assemblée nationale va passer une loi pour indiquer que le Code criminel devient une loi québécoise. Plus tard, quand on voudra le changer, par exemple à l'égard des jeunes contrevenants, l'Assemblée nationale adoptera les amendements nécessaires.

— Ah ! oui, j'ai compris, merci beaucoup !

Il faut qu'on offre au citoyen la possibilité, à l'égard des questions qui le touchent, de voir comment telle question se présente, à quel genre de contraintes internationales il faut faire face, ce que le gouvernement propose, ce que l'opposition en pense, pour qu'il puisse se faire son idée. On cessera alors de geindre, de se plaindre, de blâmer «le fédéral». On aura un vrai pays.

La dernière phrase de mon introduction se lisait ainsi: «La conclusion ramène à ce qui m'est toujours apparu comme la raison profonde, essentielle de la souveraineté du Québec: être responsable de soi-même dans une démocratie où l'État est pleinement redevable à ses citoyens.» Je termine là où j'ai commencé.

Déclarations de Jacques Chirac, président de la France, et de Bill Clinton, président des États-Unis, à la veille du référendum de 1995.

Jacques Chirac à l'émission Larry King Live, à l'antenne de CNN, le lundi 23 octobre 1995.

À une question d'un téléspectateur ayant appelé de Montréal, Jacques Chirac répond : « The French government does not want to intefere with this referendum. » Larry King demande : « But if Quebec does vote to separate, will you recognize them ? » « We'll see... Well yes, of course we would recognize the fact », répond Chirac.

Déclaration de président Clinton à Maison blanche, le mardi 24 octobre 1995, en réponse à une question posée par un journaliste canadien du *Globe and Mail* :

« Let me give you a careful answer. When I was in Canada last year, I said that I thought that Canada had served as a model to the United States and to the entire world about how people of different cultures could live together in harmony, respecting their differences but working together.

This vote is a Canadian internal issue for the Canadian people to decide. And I would not presume to interfere with that. I can tell you that a strong and united Canada has been a wonderful partner for the United States and incredibly important and constructive citizen throughout the entire world. Just since I've been president, I have seen how our partnership works, how the leadership of Canada in so many ways throughout the world works, and what it means to the rest of the world to think that there's a country like Canada where things basically work. Everybody's got problems, but it looks like a country that's doing the right things, moving in the right direction, has the kinds of values that we'd all be proud of. And they have been a strong and powerful ally of ours. And I have to tell you that I hope we'll be able to continue that. I have to say that I hope that will continue. That's been good for the United States. Now the people of Quebec will have to cast their votes as their lights guide them. But Canada has been a great model for the rest of the world and has been a partner for the United States, and I hope that can continue. »

Annexe II

La désinformation[106]

La propagande joue un rôle important dans la persistance de ce climat d'anxiété. Elle découle de la mainmise sur les médias d'un petit nombre de personnes et du gouvernement fédéral. Quand la plupart de ces « décideurs » ont le même point de vue sur une question politique fondamentale, la propagande envahit tout. Et on ne peut rien y faire. C'est comme la pluie ou la grêle, on attend que ça se calme.

Il n'est pas nécessaire de remonter bien loin dans le temps pour trouver des exemples de désinformation. En voici un tout récent : la séparation de la Slovaquie de la République tchèque en 1992. Elle a posé un sérieux problème aux fédéralistes canadiens.

Voilà un pays qui devient indépendant sur un simple vote de son Parlement, avec l'accord des Tchèques qui sont excédés. Le partage de l'actif et des dettes se fait rapidement. Il n'y a pas de violence. « Enfin chez nous », disent les Slovaques. « Bon débarras », disent les Tchèques.

Quelques mois avant notre référendum de 1995, la Slovaquie devient tout à coup l'objet d'une curiosité vorace de la part des plus grands noms des médias canadiens et québécois. Le *Globe and Mail* publie en page éditoriale quelques mises en garde bien senties. Radio-Canada envoie,

---

106. Ce texte est tiré de l'ouvrage *Pour un Québec souverain, op. cit.*, p. 24-25.

pour l'émission *Le Point*, un de ses animateurs faire une enquête sur place. Pendant quelque temps, les commentateurs de nos médias manifesteront à l'égard de la Slovaquie une belle unanimité. N'est-ce pas que l'économie slovaque est plus petite que l'économie tchèque, donc plus fragile, que le chômage est plus élevé en Slovaquie, que l'union monétaire chère aux Slovaques s'est effondrée, que le marché tchèque va se fermer aux produits slovaques? Tout ça pour dire aux Québécois:« Méfiez-vous, regardez vers quel gouffre on veut vous entraîner. »

Par la suite, la Slovaquie disparaît de nos médias comme par enchantement. Sa vie utile pour la cause fédéraliste est terminée. Quelques mois plus tard, je reçois une longue analyse effectuée par le service de recherche du Morgan Guaranty Trust, publiée à Londres et intitulée *Slovakia: Is Rapid Growth Sustainable?*, c'est-à-dire: « La Slovaquie: la croissance rapide peut-elle être maintenue? » Un des sous-titres se lit comme suit: Slovak Economy Continues to Impress («La performance écénomique slovaque continue d'impressionner»).

Je comprends que l'on soit impressionné! En 1995, le taux de croissance de la Slovaquie, en termes réels, a été de 7%, un des plus élevés, sinon le plus élevé de tous les pays d'Europe. Déjà en 1994, le taux de croissance avait été de 6%. Les exportations et la consommation intérieure sont très vigoureuses et la Slovaquie vend plus de produits à la République tchèque qu'elle ne lui en achète.

En somme, tout ce qu'on nous a laissé entendre est faux. Mais cela, après tout, n'a pas d'importance... Ce qui compte, essentiellement, c'est que le NON l'emporte au référendum de 1995...

BIO GAZ
ÉNERGIE

PERMANENT

Imprimé sur du Rolland Enviro100, contenant 100% de fibres recyclées postconsommation, certifié Éco-Logo, Procédé sans chlore, FSC Recyclé et fabriqué à partir d'énergie biogaz.

Transcontinental
IMPRESSION
IMPRIMERIE GAGNÉ

QUÉBEC, CANADA
2009